日本労働社会学会年報

2023

34号

人口減少時代における地方の若者と経済的自立

日本労働社会学会

The Japanese Association of Labor Sociology

ANNUAL REVIEW OF LABOR SOCIOLOGY
2023, No.34

Contents

The Japanese Association of Labor Sociology

特集　人口減少時代における地方の若者と経済的自立

——— 日本労働社会学会年報第34号〔2023年〕———

地方圏の若者のキャリアと「自立」

阿部　誠
（大分大学名誉教授）

1．はじめに

　若者論では、その「自立」が重要な論点の一つとなる。1990年代以降日本経済の構造変動によって若者の就業をめぐる問題が注目されているが、そうした就業問題が若者の自立にどのように影響するかという点も、関心事のひとつである。日本労働社会学会第34回大会のシンポジウムのテーマは「人口減少時代における地方の若者と経済的自立」であった。ここでは「自立」が経済的自立に限定されているが、地方圏の若者が多様な問題を抱え、自立が困難になっているのではないかという問題意識は、若者や労働に関心をもつ多くの研究者が共有できるであろう。阿部（2021）は、地域の雇用問題について、大都市とは異なる「地方圏」に共通した雇用の構造的特徴に着目し、その下で地方圏の雇用機会が多様性に乏しいことが若者のキャリアの展開を制約しており、キャリアの選択か、地域の選択かを迫る構造があることを論じた。こうした地方圏の若者のキャリア展開は、その暮らしを通じて自立に大きく影響していると考えられる。

　もっとも、自立を議論するためには「自立」という概念も問われなくてはならない。人間は一人で生きているわけではなく、社会のなかで暮らしていることを考えれば、他者から何等かの支援を受けないというような意味での自立は考えられない。とくに今日の福祉社会において、ほとんどの人はさまざまな経済的給付や社会サービスなどを享受しながら生活している。しかし、自己責任論のつよい日本社会では、援助を受けることよしとせず、他人に迷惑をかけてはいけないという社会規範が広がっているが、それがむしろ「自立」を難しくしている。小論

で検討するように、自立は多義的であるが、重視すべきことは自分で考え、「生き方」を選択できる人格的な自立である。そうした観点からは、非正規雇用者が増加し、若者が従来のような安定したキャリアを歩むことが難しくなり、また若者の貧困が社会問題となるなかで、自らの仕事や暮らし方をいかに選択し、どのようなライフコースを模索しているのかという点を把握することは、若者の自立を議論するうえで重要である。

　小論では、こうした問題意識にたち、地方圏の若者のキャリアが若者の自立、またライフコースの選択にどのような形で影響しているかという点について検討し、そのなかでとくに若者の「自立」を困難にしている要因を探る。具体的には、これまで筆者が参加した地方圏での若者のキャリアや暮らしに関する聞き取り調査[1]にもとづき、地方圏の若者の自立を困難にしているキャリア面での要因について考える。それとあわせて、キャリアの形成が難しい環境のなかで、自分のライフコース＝暮らし方を模索する動きについてもみておく。さらに、こうしたことを通じて地方圏の若者の自立をどのように支援するべきなのかという点について考える。

　ただし、多面的な意味をもつ「自立」を考えるうえでは、それをどのような指標で把握できるのかということ自体、重要な論点といえる。小論では、その点を議論する余裕がないので、若年期のライフイベントとして重要な離家と結婚を代理指標として若者の自立を議論する。

2．若者の「自立」

(1)「自立」という概念

　若者の「自立」を論じるうえでは、「自立」とはどのような状態を意味しているかを考える必要がある。「自立」の概念については、社会福祉学で多くの議論がある。もともと社会福祉では、市場経済の下で生活するうえで必要なことが充足できない状況にたいして、生活上の困難・課題を解決するために必要な援助を行うことが目的とされている。その点でいえば、自立と援助は対立概念ではなく、自立を支える援助のあり方が問題となる。

　社会福祉における援助では、被支援者の自己決定を支援することが重視される。たとえば、ソーシャルワークの実践に関しては「ソーシャルワークの倫理綱領」[2]がまとめられているが、そこでは、クライエントの「自己決定の尊重」や「参加の促進」がうたわれており、意思決定が困難なクライエントに対しても「常に最善の方法を用いて利益と権利を擁護する」とされている。ここにみられるように、被支援者個人として「自立した決定」をすることに価値をおいた援助が社会福祉の基礎にある考え方といえる。

　自立をめぐってとくに問題となるのは障害者の分野である。援助サービスなしには日常生活が困難な障害者も少なくないが、そうしたなかで「自立」とはどのような意味なのかが問われる。その点で転機となったのが、よく知られている「自立生活運動」であり、それを支える自立生活（IL）思想である。1960年代に米国カリフォルニア州の障害をもつ大学生の運動から生まれた「他人の助けを借りて15分で衣服を着、仕事に出かけられる障害者は、自分で衣服を着るのに2時間かかるため家にいるほかない障害者より自立している」[3]という考え方である。それまでは、身辺が自立し日常生活に必要なことを独力ですることが「自立」とされる傾向があったが、自立生活運動を契機として、日常生活に必要な支援を受けながら自らの選択と決定により生活することが自立生活と考えられるようになった。自立の概念が大きく展開したということができる。

　それは、「障害者の自己決定権と選択権が最大限に尊重されているかぎり、たとえ全面的な介助を受けていても人格的には自立していると考える方向」（佐藤・小澤 2006: 60）であり、「自立とは自己決定であるという考え方」にたち「さまざまな生活場面において自己決定権を行使していくことこそが自立である」（小川・杉野 2014: 181）ということになる。

　古川孝順（2005: 253-258）は、自立を「自助的自立」と「依存的自立」、すなわち社会制度への依存を前提とする自立生活とに分ける。また、「道具的自立」として、身体的自立、心理的自立、社会関係的自立、経済的自立をあげる一方で、「目的的自立」として人格的自立があるとしている。たしかに、高齢、健康・傷病、障害、失業などの生活リスクは、「自立」を困難にする。その点では、「人々の生活は、潜在的また顕在的に、多様なレベルと領域においてつねに、第三者や

社会制度への依存を不可欠とする」のであるが、そうした援助や諸制度に依存していても、重要なのは「人格的自立」であり、それこそが目的とされる。「社会福祉における自立生活の支援は、（中略）第三者や社会制度にたいする依存——社会保障や社会福祉の利用——を前提に、すべての市民にたいして自己決定権（市民権的基本権）と生活権（社会権的基本権）を同時に保障する依存的自立の支援という文脈のなかで追求」することであると論じている（古川 2005: 255）。

　こうした社会福祉学の自立論を踏まえれば、若者の自立については、経済的自立にとどまらず、「人格的自立」がどのように達成されているか、また、人格的自立をいかに支援するかが問われなくてはならない。もちろん、それは経済的自立を問う必要がないことを意味するわけではない。しかし、重視すべきなのは若者の人格的自立であって、それが阻害されているとすれば、その問題点を明らかにし、支援のあり方を議論する必要がある。

(2) 社会福祉政策における「自立支援」の強調

　ところで、近年、社会保障・社会福祉政策において「自立」が中心的な論点のひとつになっている。社会保障制度審議会（1995）の『社会保障体制の再構築（勧告）』では、「すべての国民が社会保障の心、すなわち自立と社会連帯の考えを強くもつこと」としており、自立と社会連帯が社会保障にとって重要な価値であることを示している。

　2000年の社会福祉法改正の基礎にある「社会福祉基礎構造改革」は、具体的な改革の方向として、「(1) 個人の自立を基本とし、その選択を尊重した制度の確立」をあげている[4]。実際、社会福祉法の第3条では、福祉サービスの基本的理念として、「福祉サービスは、個人の尊厳の保持を旨とし、その内容は、福祉サービスの利用者が心身ともに健やかに育成され、又はその有する能力に応じ自立した日常生活を営むことができるように支援するものとして、良質かつ適切なものでなければならない」と自立した生活にむけて支援することが規定されている。同時に、ここでの自立が個人の尊厳と結びついていることがわかる。このように「自立」にむけた支援が今日の社会福祉政策の理念といえる。

　一方、具体的な政策面に着目すると、2004年の『生活保護の在り方に関する

専門委員会報告』では、生活保護法の第1条で生活保護の目的のひとつにあげられている「自立の助長」について、自立には日常生活自立、社会生活自立、経済的自立という3つがあるとして、「経済的給付に加えて効果的な自立・就労支援策を実施」することが必要であると述べている。従来から生活保護では「自立の助長」が重要な論点のひとつとされてきた。そこでの「自立」概念は明確ではないとはいえ、経済的自立＝脱生活保護と理解される傾向があったが、同報告書で自立の多面性が明らかにされたといえる（池谷 2018: 37-38）。この報告書にもとづき、2005年以降、地方自治体による「自立支援プログラム」の策定とそれにもとづく自立支援が推進されてきた。2015年の生活困窮者自立支援法の成立に際しても、こうした三つの自立のとらえ方が基礎におかれており[5]、今日の貧困・生活困窮者をめぐる政策における基本的な考え方となっている。

　しかし、最近の社会保障・福祉政策における「自立支援」の強調については、自助論にたって公的責任を縮減し、自立が難しい人々を排除するものという批判も多い。桜井（2017）は、生活保護からの「自立」世帯がワーキング・プア化していることを指摘するとともに、今日の社会保障・社会福祉政策において「自立」「自立支援」が頻出しており、「支援から自立支援へ」という流れになっているが、これは「本来の『社会保障』の価値を崩す」（桜井 2017: 227）と論じている。

(3) 自助論をこえた自立論

　こうした社会福祉論での議論をふまえれば、若者の「自立」を考えるにあたって、社会福祉法の規定するように「個人の尊厳の保持」を第一義的な目的として、「生活保護の在り方に関する専門委員会報告」があげたように、個人の尊厳にむけ自立を多面的に理解することが重要である。そうしたなかでは、「経済的自立」は多面的な自立のひとつであり、経済的自立のみを取り出して目標にすることは、かえって自立を損なう恐れもあり、あくまで「人格的自立」との関係で考える必要がある。

　最近の日本では、「自己責任論」が強調されており、とくに若者の間では「他人に迷惑をかけない」といった生活倫理がつよいため、社会的支援に頼ることを

避ける傾向がある[6]。しかし、それがかえって若者の自立を難しくする。若者の自立は、成人への移行期における多面的な自立が目標とされるが、自立論をふまえると「第三者や社会制度にたいする依存を前提」として自己決定や生活権を実現するという視点が重要であり、何より「自助論」をこえた議論でなければならない。

(4)「成人期」への移行の変容

　若者の自立について、成人期への移行として論じてきたのは、宮本（2002、2017）である。宮本は、成人への移行、すなわち「ポスト青年期」が、高学歴化、少子化、所得向上などさまざまな理由の下で長期化していることを論じている。成人への移行は、卒業、就職、離家、結婚・子育てなどのライフイベントで構成されるが、これらのライフイベントを通じて、ポスト青年期において「自立」した成人への移行が順調に行われるかどうかが問題となる。宮本は、1990年代以降の日本の経済的停滞が、「若者の移行に重大なダメージ」を与えていることを指摘している（宮本 2017: 59）。成人への移行には、安定した仕事や所得、若者の移行を支援する社会的環境が必要であるが、今日、とくに親との同居が長期化していることに注目する。離家のあり方は、文化により、また時代によって多様であるが、今日の日本で親との同居が長期化している背景には、非婚化、高学歴化とととともに、経済の不安定化が影響していることを論じている（宮本 2017: 59-62）。岩上（1999: 5-7、11-14）も、親との同居には、職業や収入などが影響しており、地方圏では地方の労働市場の影響を受けることを指摘している。

3．地方圏の雇用構造の特徴と若者のキャリア

(1) 地域間の雇用・所得格差

　地方圏については、これまでも地域間の雇用や所得の格差について多くのことが指摘されてきた。とくに地方での雇用環境の厳しさはしばしば論じられてきており、「地方消滅」などの議論にみられるように、それが地方から都市への人口移動の要因とされてきた。太田（2017: 107-108）は、若年者や大学卒、大学院

卒業者の比率が大都市では高く、若く人的資本の高い人材が都市部に集中する傾向があることを論じている。この指摘は、地方圏から大都市圏への人口の移動に関しては、量的な問題というよりも、人的資本の地域的構造にこそ問題があることを示している。また、太田（2010: 200-204）は、若年者の失業率の高い地域について、高卒求人倍率の低い県、中高卒比率の高い県、第三次産業比率の高い県、大企業比率の低い県、地域からの純流出率の低い地域だと論じた。ただし、失業率や求人倍率などのデータをみると地域ごとの差異が大きく、地方圏の方が大都市圏よりも労働市場環境が劣悪だとは必ずしもいえない。

　一方、地域間の賃金格差については、賃金センサスなどをみても明らかであり、それが最低賃金の目安制度における地域間の差異にもつながっている。橘木・浦川（2012: 103-107）は、賃金センサスにもとづく貧困率の地域による差異、一人当たり課税所得の都市と地方との比較、一人当たり県民所得、企業所得で大都市と地方での格差があることなどを指摘している。また、2000年代に入り、低所得世帯の割合が増加するなかで都市と地方の所得格差が拡大していること、ジニ係数でみても地域間格差が広がっていること、東京都に金融・保険業などもっとも賃金の高い大企業の労働者が集中していることを明らかにしている。

　大都市圏と地方圏の所得格差の背景には産業構造の違いがある。『平成27年労働経済白書』は地域間の所得の格差に寄与する要因について、地域別の所得と生産性の関係から分析している（厚生労働省 2015: 176-186）。それによれば、実質稼働所得を引き上げている要因は労働生産性であり、都道府県の労働生産性と一般労働者の平均年収額との間には正の相関がある。また、産業別の従業者一人当たりの労働生産性は、情報通信業や学術研究、専門・技術サービス業の労働生産性が高いが、こうした労働生産性の高い産業が集積している地域は、地域の労働生産性も高い傾向があり、それは大都市圏であると指摘している。さらに専門職人材比率と労働生産性にも正の相関が認められ、専門職人材比率が高い地域は労働生産性が高い傾向があり、情報処理・通信技術者をその例としている。ここから地域間の所得格差には地域産業構造が大きく影響していることがわかる。

(2) 地域間の人口移動と所得

　地域間の人口移動について、経済学では期待所得と移動コストの比較考量で決まるとするTodaro（1969）のモデルで説明されることが一般的であり、所得の高い地域へ移動することが合理的と理解されている。太田（2007）、石黒・李・杉浦・山口（2012）、橘木・浦川（2012）は、地方在住者が都市部へ移動することで高い所得を得ていることを実証している。とくに注目されるのは、太田（2007: 167）、石黒・李・杉浦・山口（2012: 66-67）の研究で、地方出身で恵まれた層が都市に移動していることである。太田（2007: 169-171）は、都市部では能力の評価が高いため優秀な人材が集まるメカニズムがあると指摘する。それは、地方圏では地域を支える高度な人材が流出していることを意味する。そのことを考えると、労働市場での需給関係よりも、むしろ地域間の雇用構造の違いが重要ということができる。

　しかし、労働経済学のいう通り、所得格差があれば実際に地域間で労働移動するのであろうか。地域間の所得格差が生じるのは、労働移動を阻害する要因があるためなのだろうか。マクロデータをみると、人的資本の高い人材は都市に流出する傾向がある。しかし、聞き取り調査によれば、必ずしも地方から都市への人口移動は、所得だけで生じているとはいえない。さまざまな要因がそこには作用しているとみることができる。

(3) 地方圏の若者のキャリアの特徴

　阿部（2021）は、地方圏の若者のキャリアの特徴について、インタビュー調査にもとづき次のように整理している。まず、第一に、従来から地方圏からの若者の流出が注目され、問題ともされてきたが、当然のことながら地方圏で暮らし、仕事をする若者も少なくない。労働政策研究・研修機構（2015: 37-42）、堀（2016）によると、むしろ最近は地元に残る若者は増加傾向もあり、それは人口移動の変化として表れている。地方からの人口流出や所得格差などは重要な論点ではあるが、まず、地方にねざす若者の存在を出発点にする必要がある。

　同時に、これらの調査を通じて注目されるのは、彼らが地元で求職活動を行い、就職しており、就業先よりも地元で働くことを選好していることである。企業が

立地し、就業機会が確保されている地域だけでなく、企業立地が乏しい地域でも、地元で求職活動を行い、就職するなど、労働市場の環境に関わりなく地域を選好している傾向がみられる。現役の高校生の調査をみると、彼らが就職活動をする際に、必ずしも当初から地元で就業を希望しているわけではないが、高校3年で実際に就職活動をするなかで、結果として地元での就職を選択する者が大多数となっている（第6章）。筆者は、地元に残ることを必ずしも強くは志向していないが、現実には地元で暮らすことを選択する点で、これを「弱い地元志向」と呼んだ。地方圏での若者のキャリアを考えるうえでは、こうした地域にねざす若者の姿にまず注目する必要がある。もっとも、自分の生まれ育った地域で働き、暮らすことを選択する若者がむしろ増加していることは特別のこととはいえないのかもしれない。

　しかし、第二に地方圏で働き、暮らすことを選択した若者にとって、必ずしも十分なキャリアを見通せる状況にはない。とくに企業立地の少ない地域を中心にして、良好な雇用機会が少ない場合には、キャリアの展開は困難になる。また、地方圏では地域の産業構造が比較的簡単で、就業機会の多様性に乏しい。阿部（2021: 98-111）は、地方圏の職業構造の分析にもとづき、生産工程従事者、建設従事者や保健医療・福祉の専門職の仕事は地方圏に多いものの、研究・技術開発や文化・芸術などの分野に就業する者が相対的に少ないことを指摘した。産業的には、建設業、製造業や卸・小売業、そしてとくに医療・福祉業が中心である。地域に雇用機会があっても、小売業のパートタイムや製造業の生産現場の仕事が中心で、研究開発や管理の仕事は少ない。地方圏では産業や職種が限られるため、キャリアの選択の幅が狭いことが特徴的である。

　この点と重なるが、第三に、従来から指摘されてきたように、地域産業構造がキャリアに及ぼす影響が大きいことである。地域に立地した大手メーカーなどの就業機会は重要であるが、企業立地がない、あるいは少ない場合、良好な雇用機会が少なくなり、地域でのキャリア展開は大きな制約をうける。地域開発によって、地方圏でも雇用機会は量的に拡大しており、それが地域での就業を希望する若者の増加につながっているが、そうした量的拡大は必ずしもキャリアの展望につながらない。とくに生活関連の第三次産業の雇用機会は地方圏では重要であっ

ても、その雇用の安定性や労働条件が問題となる。地域で就業先を求めれば就業先は地域の産業や雇用機会に規定されるのは当然とはいえ、地方圏で暮らす若者のキャリアにとって大きな制約条件となる。

　第四に、全体として就業機会が限られるなかで、公共部門の雇用機会は相対的に重要である。公務員は、地域のなかで安定した雇用であり、雇用環境や労働条件も一定の水準を満たしており、安定的なキャリアの展開が可能になる。ただし、近年、地方自治体では、臨時職員、パートタイム職員や2020年度から導入された「会計年度職員」などの非正規公務員が増大しているが、いずれも官製ワーキングプアといわれるように、労働条件には問題も多い。非正規公務員はとくに任用期間が制限されており、しかも雇用情勢の厳しい地域では求職者の「公平性」を確保する観点から、一定年数で雇用契約を打ち切るケースも多い。こうしたなかでは、非正規公務員のキャリアの展望は困難である。我々の調査では、部署を移動しながら非正規雇用を続ける例もみられたが（石井・宮本・阿部 2017: 108-109）、安定したキャリアの形成という点では、むしろ困難さが増す。

　第五には、個々人のキャリアをみると、正社員と非正規雇用者の間の双方向で流動していることである。調査のなかでは、若者の正社員への志向は必ずしも強くなく、正社員から非正規雇用へ移動する者も少なくない。全体として転職へのハードルは低く、正社員と非正規雇用の間を相互に移動している。この背景のひとつとして、正社員の雇用機会が少ないことや賃金、労働条件の違いが大きくないことがあげられる。この調査（阿部 2021: 162）でみる限り、初職が正社員かどうかは、その後のキャリアに大きな影響を及ぼさないと考えられるが、正社員と非正規雇用の間の相互の移動は、キャリアの形成を難しくしている。とくに、転職が多い場合、職業的連続性が乏しい傾向があり、キャリアの形成が困難と考えられる。ただし、転職の理由には、無理なノルマ、長時間の過酷な労働や職場の人間関係など職場の問題が多い。その点では、安定したキャリアの形成を困難にしているのは、仕事に定着しない若者の就業行動というよりも、職場に問題があるケースは少なくない。

4．若者のライフコースと離家、結婚

(1)「自立」と離家、結婚

　前節でみたような地方圏の若者のキャリアは、若者の自立に大きく影響するが、どのような指標で「自立」をとらえるかは議論の余地がある。しかし、さきにも検討したように、成人への移行がさまざまなライフイベントを契機として進むなかで、若者の自立にとって親元からの自立＝離家は重要な契機と考えられる。また、若者が自立して新たなライフコースを送るうえで、これまでは結婚して家族を形成することが重視されてきた。もちろん結婚しなければ自立していないということではないが、自立へのステップのひとつとして重要な意味をもつと考えられる。また、成人への移行期における結婚離れが、離家の遅れにつながるともいえる。したがって、小論では、若者の自立にとって、離家や結婚が重要な意味をもつと考えて、この二つの点を中心としてキャリアと自立の関係を考える。

　今日の若者の結婚について、木本（2017: 190-193）は、制度としての結婚は、日本では大きく変化していないが、晩婚化・未婚化が進んでおり、「結婚ばなれ」につながっていることを指摘している。従来の結婚は、日本的雇用の下で男性の稼働能力と性別分業に依存してきたが、若者の非正規雇用の拡大によってその基盤が崩れた。つまり、職業上の不安が、結婚への躊躇、結婚の先送りにつながっている。

　このことを統計的に確認すると、**図1**の通り、正社員と非正規雇用者の有配偶率の比較（男性）では、20歳代後半以降になると正社員の有配偶率が上昇するのにたいして、非正規雇用者の有配偶比率は上昇せず、低いままであることが顕著である。これを所得との関係でみても、所得の低い者の有配偶比率が低いことがわかる（内閣府 2022: 第1-1-20図）。つまり、今日の非正規雇用の拡大は、低所得ということを通じて、結婚・家族の形成を阻害しているということができる。このことは、今日の少子化にも結びついている。

(2) 若者の雇用形態と親との同居

　この点と関連して、若者の就業状態と親との同居の関係を確認しておきたい。

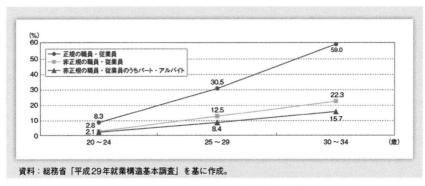

資料：総務省「平成29年就業構造基本調査」を基に作成。

図1　若年男性者の雇用形態別有配偶率
出所）内閣府『令和4年版　少子化社会対策白書』
https://www8.cao.go.jp/shoushi/shoushika/whitepaper/measures/w-2022/r04webhonpen/html/b1_s1-1-4.html

　未婚者で親と同居している者は、**表1**の通り、男性の25-29歳、30-34歳で60.9
〜61.9％、女性の同年齢では、64.7〜67.1％を占めている。これは、既婚者を含
めた全体では男性の同年齢で33.5〜44.7％、同年齢の女性の29.8〜44.3％と比べ
てかなり高い。未婚者は親と同居する者がかなり多いことがわかる[7]。

　未婚者の生活状況については、古いデータになるが、『平成15年　国民生活白
書』が多くの分析を行っている（内閣府 2002: 100-126）。未婚者の働き方を親同
居・非同居の別にみると、2001年において、未婚者のうち親同居者では、正社
員が64.1％、パート・アルバイトが17.4％となっており、親非同居者では、正社
員が75.6％、パート・アルバイトが13.2％であるので、パート・アルバイトの場
合には親同居未婚者が多いということがわかる。年間収入の平均は、男性は親同
居者で270万円程度、親非同居者で330万円程度、女性は親同居者で220万円程度、
親非同居者で280万円程度となっている。つまり、「親同居者は、パート・アル
バイトや無職の人が多く、親非同居者に比べて収入が低い」（内閣府 2002: 104）
のである。

　そして、親同居未婚者のうち、基礎的な生活コストを親に依存している人の割
合は、男性85.1％、女性90.8％にのぼり、「親同居未婚者の多くは、大部分の基
礎的な生活コストを自分で負担することなく生活している」（内閣府 2002: 104）。

表1　親と同居している若年者の割合

単位 ;1000 人

		総数				未婚の者			
		総数	同居して いる	同居して いない	同居の比 率（%）	総数	同居して いる	同居して いない	同居の比 率（%）
男性	総数	61,842	39,382	22,236	36.1	24,457	6,251	18,180	74.4
	15 − 19 歳	3,085	356	2,728	88.4	3,042	318	2,723	89.6
	20 − 24 歳	3,046	1,154	1,892	62.1	2,756	899	1,857	67.4
	25-29 歳	3,256	1,801	1,454	44.7	2,223	870	1,352	60.9
	30-34 歳	3,685	2,450	1,235	33.5	1,649	629	1,020	61.9
女性	総数	65,253	44,508	20,515	31.6	20,671	4,426	16,220	78.6
	15 − 19 歳	2,923	264	2,658	91.0	2,882	230	2,650	92.0
	20 − 24 歳	2,922	995	1,926	65.9	2,572	700	1,872	72.8
	25-29 歳	3,154	1,756	1,398	44.3	1,853	610	1,243	67.1
	30-34 歳	3,606	2,532	1,074	29.8	1,211	428	783	64.7

出所）2015 年国勢調査

　基礎的な生活コストを親に依存することで、若者の貧困は潜在化しているといえる。ただし、親から現金を受け取っている人は、未婚者全体で2割に満たず、親同居・非同居の別では、親同居者でも2割弱、非同居者で1割弱にすぎない。

　結局、今日の4割に達する非正規雇用の拡大は、結果として未婚や親との同居を促しており、離家を難しくしている。これは離家・結婚・出産といったライフイベントが、非正規雇用者では従来のようには順調に進まなくなっていることを示しており、これまで「標準的」とされてきたライフコースが崩れているといえる（阿部 2017: 282-287）。従来の「標準的ライフコース」は、男性正社員を中心にして昇進による安定したキャリア展開、生活できる所得を基本として、配偶者のパート収入という補足的な収入によって生活するということになっていた。ところが、1990年代に入って非正規雇用の増加し、雇用の不安定化、賃金低下などによって、こうした「標準」が崩れ、結婚の先送り、未婚化が進んでいる。多くの若者は、キャリア展開が制約されるなかで、展望のないままにライフコースを歩むようになっているということができる。

（3）地方圏の若者の自立の問題

　こうした若者のキャリア形成の困難と離家の遅れは全国的な傾向であるが、地方圏では、非正規雇用の増加、雇用の不安定化など雇用環境の厳しさに加えて、

さきに指摘したように、良好な雇用機会が乏しく、専門職が少ないなど職業的な多様性も乏しいなかで、キャリアの形成が制約されており、所得も低いという特徴がある。こうした地方圏に固有なキャリアの問題が、離家の遅れ、結婚の先送りなどに結びつき、若者の移行を困難にしている。その点では、地方圏の若者の自立については、全国的にみられる雇用環境の変化と地方圏のキャリアの特徴の二つが重なりあって影響しているといえる。とくに地方圏での若者の低賃金水準は、生活の基盤を脆弱にしており、調査の事例でも語られているように、家族からの自立を困難にするとともに、結婚をためらわせる要因になっている。また、地方圏の場合には、都市から地方圏への居住地の移動のリスクが小さくない。家族の問題や都市での暮らしにくさなど、理由はさまざまであろうが、いずれにしても地域間を移動することがキャリアの中断に結びつきやすい。そうしたなかで、地方圏に移動することで非正規雇用につくことは、安定したキャリアの展望を困難にする。

5．地方圏において自立を阻害する要因——聞き取り調査の事例から

（1）非正規雇用での転職の繰り返し

　本節では、地方圏の若者のキャリアが成人期への移行＝自立を阻害する要因について、石井・宮本・阿部（2017）、阿部（2021）の調査事例にもとづいて考える[8]。

　今日、非正規雇用が雇用者全体の4割に達するほどに増加しており、こうした雇用の非正規化がキャリア形成を困難にし、また、自立を難しくしていることは、ここまでに論じてきた。非正規雇用の増加は、大都市圏でも、地方圏でも同様に進んでいる。すでに指摘したように、地方圏では良好な雇用機会が少ないなかで、非正規雇用に就かざるを得ないことが多いとはいえ、大都市圏と比べてとくに非正規雇用の比率が高いわけではない。そして、非正規雇用者の労働条件やそのおかれた状態の厳しさにも違いはない。

　次の事例のように地方圏では非正規雇用の不安定さを抱え、離家や結婚の展望は難しい。

➤25歳男性、山形県

　大学を中退し、地元に戻ってハローワークでメーカーの現職を見つけた。
電子製品を作る仕事で、3ヶ月契約の非正規雇用として働く。現在3年目。
今のところ正規になる道はないと考えている。

　「いつ切られるかわからないというのもあるんですけど、景気が悪いとい
うこともあって先に切られた人もいっぱいいますし、自分から辞めていった
人もいて」「このまま一人でもいいと思っている。結婚に向けてという気持
ちはない。」

　地方圏での調査では、正社員と非正規雇用の間の壁は低く、次のように両方向
での流動がみられる。

➤26歳女性、沖縄県

　警備正社員──コールセンター研修──自動車部品生産キセツ[9]──公社事務
契約職員──食品事務正社員──市役所臨時──小売りパート──無職

➤38歳男性、大分県

　大学卒業後の初職は大分市内のコンビニのアルバイトで、4年間続けた。
次の職は、携帯電話のショップで1年間在職。初めはアルバイトだったが、
その後に正社員となった。しかし、その後店舗は閉鎖された。そして市、県、
教育委員会の臨時職員として1年ずつ勤め、さらに旅館のパート社員として
1年間勤務したが、接客が得意でないと思ったことと、場所が問題だったた
め退職した。正社員に誘われたが、断った。そして職業訓練を受託した教室
に一ヶ月ほど勤務し、その後自分で職業訓練を受けた。修了後は派遣労働を
紹介され、派遣として営業事務の仕事をした。仕事は慣れたが人間関係がよ
くなかったので辞めた。現在は派遣社員でネット回線を引く会社で働く。も
ともと4月に新人が入ってくるまでの穴埋め。

　地域の雇用情勢も影響していると考えられるが、いずれも正社員と非正規雇用
の両方を含めて転職を繰り返している。非正規雇用であることは特別なことでは
なく、問題をほとんど感じていないようにみえる。しかも、問題なのは、転職に
職業的な連関がみられないことであり、こうした非正規雇用を繰り返す転職は、

キャリアの形成を困難にすると考えられる。

　その一方、非正規雇用などを転職してきたことが、必ずしも家族形成につながらないとも言い切れない。転職を繰り返しつつも30歳前後になると定職（正社員など）に就き、家族を形成した者もいる。次の事例は、いずれも結婚して家族がいる。

　　➤33歳男性、沖縄県

　　　　レストラン正社員——小売りアルバイト——駐車場管理アルバイト——トラック運転手正社員——建設正社員——電機工場キセツ——飲料メーカー契約社員⇒同社正社員10年

　　➤33歳男性、沖縄県

　　　　自動車販売正社員——アルバイト——自動車部品のキセツ——アルバイト——トラック運転手準社員8年

　これらの事例では、結婚と定職につく時期のどちらが先かは不明であるが、キャリアの安定と家族の形成が結びついているといえる。後者の事例は、必ずしも正社員になったわけではないが、従来型のライフコースとは異なるものの、就業を継続し自立した生活を模索していることがわかる。

（2）正社員と非正規雇用者の労働条件の近接性

　地方圏で、正社員と非正規雇用者の間で双方向での移動がみられ、必ずしも正社員への志向が強くないが、その背景には地方圏の賃金水準の問題がある。これらの調査でみられるのは、正社員でも、非正規雇用者をみても、月額賃金は12〜15万円に集中しており、その点で大きな違いはない。

　　➤32歳女性、山形県

　　　　1年間は、ホテルの嘱託として入社し、約1年後に正社員になる。「正社員になって逆に手取りは少なくなりました。残業して、（以前の手取りの給料12万円と）同じぐらい。変わりないか、下がったか。」

　　➤38歳女性、岩手県

　　　　自動車販売会社の嘱託職員として入社し、2008年9月に正社員になった。

しかし、仕事内容、待遇は変わらない。

➢24歳男性、沖縄県

「正社員と非正社員では、基本的に勤務条件は同じである」

➢24歳男性、沖縄県

「いま正社員になるつもりはない。経験を十分積んでから正職員になれば よいと考えている」

　これらの事例にみられるように、地方圏では、正社員といっても低賃金であり、非正規雇用から正社員に雇用形態が変化しても、賃金は上がらないことが少なくない。したがって、あえて「責任の重い」正社員になりたいとも思っていないのである。この賃金水準は、離家や結婚を難しくしている。

(3) 安定したキャリアの展望とそこを離れることのリスク

　その一方、地方圏にも安定した雇用機会はある。とくに地方に立地する大手企業の正社員であれば、仕事にやりがいも感じ、キャリアの展望も可能である。

➢2004年3月高校卒男性、大分県

（大手メーカーの）A社を辞めたいと思ったことはない。辞めたとしても、いまからそれ以上の企業は難しいと思う。転職をしたらランクが下がる。A社では、高校卒業後、そのまま持ち上がりで家族持ちになっている人も多いので、こういう人生も良いかなと思っている。家を建てて、車を持って、そこそこ裕福に暮らしている。そういう人たちを見ていて、影響されるところはある。

➢2004年3月高校卒男性、大分県

入社してからずっと特殊車両のボディの溶接をしている。部品を自分たちで加工して、手で溶接して取り付ける仕事。サブラインで一台一台作っている。自分の手で作ったという感じがすごくする。溶接にも一人一人癖があって、自分が作ったものはわかる。

これらは、いずれも高卒で大手メーカーで生産工程の労働者についた者である

が、技術に関心をもち、キャリア志向の強さがみえる。こうしたなかで、家族を
もち、安定したライフコースを歩もうとしていることがわかる。ある意味では、
日本的雇用慣行の下での従来型のキャリアモデルといえる。

　しかし、いったんこうした安定したキャリアに入っても、職場の問題にぶつか
り離職すると、非正規雇用として転職を繰り返すなどして、キャリアの形成は難
しくなる。

➤2004年3月高校卒男性、大分県

　　地元で働けるので（大手メーカーB社を）選んだ。（略）それまでにも、
　会社に対する不信は積もりに積もっていた。しかし仕事を辞める時には、
　（略）次のことを考えて仕事を辞めたわけではない。事故がなかったらおそ
　らく続けていただろうと思う。（略）結局ハローワークで見つけた先物の会
　社に入社した。（略）（B社を）辞めた後で営業の職に就こうと思ったのは、
　金が稼げるから。（B社で）いい給料をもらっていたので、それより上とな
　ると営業しかなかった。（略）いま服のバイトをしているのは、あくまでも
　つなぎ。今後は工場で働きたいと思っている。自分は大変な工場の中でも、
　一番大変なところを持っていた。辞めた理由も仕事がつらいからではなかっ
　た。だから、どこの工場に行ってもやれる自信はある。

　職場でおこった事故を契機として離職した事例である。事故の詳細は、この調
査では語られていないが、事故への対応について会社への不信が募り、離職に
至った。そうした職場の問題による離職は必ずしも例外的ではない。離職の原因
としてはむしろ多いともいえる。それ自体を否定的にとらえられないが、離職に
よってキャリアの形成が困難になる。この事例でも、離職後は先物取引の営業や
アルバイトの仕事に就いている。自分自身については自信も語られるが、キャリ
アを客観的にみると、今後の自立が容易でないと考えられる。

　一方、この調査では、高卒女性の場合は正社員でもキャリア志向は弱い。

➤2004年3月高校卒女性、大分県

　　（職場は）家から近いというのが大きかった。（略）自立はしたいが、家に
　近いという安心感もほしかった。事務系でずっと考えていた。（10年後は）

　　普通に結婚して、子どももいて、今の仕事かどうかはわからないが、パート
　　でもして、ご飯もちゃんと作って、当たり前のような感じだけれど、家庭を
　　持っていたい。

　この事例は、20歳代半ばであり、未婚であるとともに親と同居している。地
方の企業の場合、とくに女性にたいしては、実家からの通勤を前提とすることも
多く、それは離家を遅らせる。また、日本での女性のキャリア展開には大きな制
約があることは周知の通りであり、そのこともあって若い段階でキャリアの形成
よりも、家庭生活を求めているといえる。ただし、「普通に結婚して」という家
族形成の標準的モデルを追求したいと考えても、それがうまくいくかどうかは、
不透明である。
　ところで、安定した雇用機会の少ない地方圏では、公務員は安定したキャリア
を展望するうえで重要な雇用といえる。しかし、次の事例にみられるように、そ
れが家族形成につながるとは限らない。公務員でも、従来のライフコースはすで
に崩れていると考えられる。それは今日の未婚者の増加、結婚時期の遅れを通じ
た少子化にもつながる。
　➤27歳男性、山形県
　　　　正職員の公務員。遠距離恋愛中の恋人との結婚は困難と考えている。「自
　　　　分の給料で家族や子どもを扶養するのは無理」

　この事例では、「家族の扶養」が前提となっており、古い家族観が結婚の先送
りにつながっているともいえるが、安定したキャリアを歩んでいても、地方圏の
賃金水準では家族をつくることに困難を感じていることは注意すべきである。

（4）高学歴者のキャリアの困難
　一般的には、学歴とキャリアは関係していると考えられている。高学歴の場合
には、専門職などの安定したキャリア形成につながり、高収入が期待できる。し
かし、地方圏の場合には、高学歴の者に適した仕事が少なく、そのことが彼らの
キャリア形成を難しくしている。

➤33歳男性、岩手県

　　大学院を修了し、発掘に関する専門知識を持っているため、現在、教育委員会の非常勤の嘱託職員で発掘調査の仕事をしている。1年ごとの契約のため、将来の保障は全くなく契約更新の時期は毎年不安になる。2年前まで高校教員の採用試験の勉強をしていたが、仕事を続けながら勉強をすることに限界を感じてやめてしまった。今の仕事は10年以上やっていて、ノウハウがわかっている。待遇（諸手当、給与）、とくに同じ仕事の正職員との年収の格差には不満を感じる。仕事の中味と比較して、待遇、給与面、諸手当があまりに低いのではないか。

➤28歳女性、山形県

　　米国の大学を卒業し、国際交流関係の嘱託職員を経験したのち、海外の航空会社のCAの契約社員（海外ベース）となったが、会社の都合によって解雇され、現在は無職。復職を期待するとともに、学んだ多様な言語を生かした仕事をしたいとも考えている。

　これらの事例では、大学院への進学や海外留学などを経験して、専門的なキャリアをめざしても、地方圏では専門職や高学歴者むけの仕事が少なく、非正規の仕事についたり、失業中だったりしている。とくに海外経験を生かす職場が少ない状況の下では、それと関係のない仕事の非正規雇用で働くことになりやすい。当然、本人には不満が募ることになる。

(5) 地域の移動によるキャリア上のリスク

　都市部で正社員で働いていたが、家族などの要因で故郷へ戻ることによってキャリアが中断され、非正規雇用につくケースは、地方圏の特徴ともいえる。

➤23歳男性、沖縄県

　　高卒後に県外で自動車メーカーの正社員の職に就いたが、仕事があわずに身体をこわして退職し、地元に戻っている。沖縄県に戻ってからは非正規雇用として空調機の工事の仕事をしているが、仕事がなくなる半年間はアルバイトや派遣の仕事をしている。

➤25歳男性、山形県

　　大学卒業後、SEの正社員の職に就いたが、1年で退職し地元に帰ってきた。フリーターとしてレンタルショップの仕事をしつつ、公務員試験を受けている。

　　「仕事は肉体的にも精神的にもつらかった。朝9時から翌日の9時まで働くときもあり、周りの先輩も病んでいる人が多かった。自分はプログラミングが得意でなく、技術的に差を感じてつらかった。自由な時間もあまりなく、このままだと体を壊すと思い、アルバイトでもして、自分にあった職を見つけようと退職」「結婚のことは考えていない」

　これらの事例では、都市圏から地元に戻る理由はさまざまであるが、地方圏に移ることによって、キャリアの展望が難しくなり、それが自立を困難にしているといえる。

（6）家族のリスク

　一方で、家族との同居が自立のリスクになる事例もある。

➤31歳男性、岩手県

　　清涼飲料会社の正社員から高齢者施設の嘱託職員へ転職。

　　ジュースなどの飲料の営業はノルマ制だったが、実際にはそれほど売れるものではなかった。「（上司からは）『売れ、売れ、うまくやるのが営業だろ』と言われるが、だましてもやるのか、違うんじゃないかと感じていた。お店にはたいがいじいさん、ばあさんがいる。この人たちを騙して売らなければならないのかと思うとつらくなって辞めた」

　　兄が結婚したときに夜もバイトして家を出ようか迷ったが、体のことを考えてあきらめた。家にはお金を入れている。「収入を増やすか、同居する相手をみつけるか。この条件がクリアできれば、いつでも家を出たい。」

　この事例は、いまは親と同居して家計を助けているが、家を出たいという思いはある。しかし、収入や労働条件などを考えると踏み切れない。それが離家＝

自立を遅らせることにつながっている。

➤36歳男性、山形県

　　高卒で正社員として就職してから現在まで未婚で、親と同居している。自
　分も弟も給与全額を親に渡して、こずかいをもらっている。
　　「今の仕事を続けていていいのか悩んでいるというか、不安に思っている
　ところもあります。将来がみえないというか」

　この事例では、親子の生活は、この36歳男性の就労で支えられており（宮本
2017: 73）、そのことが、家族からの自立を難しくしている。そうしたなかで
「将来がみえない」という閉塞感を感じている。

　宮本（2017: 66-76）は、本調査にもとづいてキャリアや生活に影響する出身
家族について、安定就業世帯、多就業世帯、自営業世帯、その他世帯の4つに分
けて分析している。そのなかでとくに問題なのは、その他世帯であり、生活の困
難、障害、借金などの問題を抱え、リスクが大きい。親子が同居し、収入をあわ
せることによって生活が支えられる例があるが、そこでの子供の自立は難しい。
他方、親の介護などをせざるを得ないことはキャリアの制約要因であり、同居が
自立を阻害する例もみられる。

6. 地方圏の若者の自立とそれにむけた社会的支援

（1）地方圏の若者の自立を困難にするキャリア上の要因

　若者の自立をキャリアとの関係から考えると、安定したキャリアの展望や所得
の確保などは、離家の条件を整え、自立を促すことになる。地方圏では、大企業
労働者や公務員などは安定したキャリアの展望ができるが、それは量的に限られ
ており、良好な雇用機会は少ない。そこで非正規雇用として就業することになれ
ば、所得も低く、雇用の安定性や雇用条件も劣悪ななかで、基礎的な生活コスト
を節約できる親元に同居することが多くなる。また、大企業でキャリアを歩んで
いても、職場の問題などで退職すればキャリアの継続は困難となり、とくに地方
圏では地域産業構造の影響もあって、その経験や技能を生かした仕事への再就職
は難しい。一方、高学歴者、専門的能力をもつ者は、その能力を生かす職場が少

なく、彼らにとってキャリアを展望することが困難となる。それは、地方圏の若者にたいしてキャリアを選ぶか、地域を選ぶか、二者択一を迫るものといえる。また、地域間の移動、とりわけ大都市から地方への移動は、正社員のキャリアが中断され、非正規雇用になることがあり、リスクとなりやすい。

　これらは若者の自立を阻害する要因である。実際に小論でとりあげた事例の多くは、未婚者であり、親と同居する者がほとんどである[10]。すでにみたように、公務員の正職員でも結婚の展望を見出すことが難しいなかで、非正規雇用が続いていたり、転職を繰り返していたりすると、結婚について積極的になりにくい。この背景には、すでに論じたように、正社員にせよ、非正規雇用にせよ、賃金が低いことがある。両者の賃金・労働条件の格差が小さいため、正規/非正規の違いが意識されにくく、両方向での転職が少なくない。そのため、キャリア形成が困難になりやすい。

(2) 若者の離家・結婚を困難にする地方圏の賃金水準

　さきに指摘したように、これらの調査では、手取り賃金が月額12〜15万円に集中している[11]。これは最低賃金の水準である。最近は最低賃金が上昇しているが、賃金額が全国的にみても低い大分県の場合、調査期間中にあたる2010年の最低賃金は時間給643円であった。これをもとにして1日8時間月間22日就業したとして、賃金は11万3168円であるので、手取りが月額12〜13万円という賃金水準は、最低賃金をやや上回る程度である。しかも、正社員の賃金が非正規雇用と大きく変わらないなかでは、正社員への志向は相対的に弱くなり、非正規雇用でよいという若者も少なくない。

　一方、全国平均であるが[12]、2010年の家計調査によって世帯主が25〜29歳の世帯（2人以上世帯）の消費支出額をみると23万4023円である。この世帯[13]の平均有業人員は1.40人であるが、地方圏では共働きでなければこの所得水準に達することは難しい。もちろん、今日、夫婦共働きであることは一般的であるとはいえ、手取り12〜13万円の賃金で働く者にとって、結婚に躊躇することは容易に想像できる。すでに指摘したように、所得と結婚との間には相関があり、地域の賃金水準自体が自立を難しくしている。

　ただし、すでにみた事例では、転職を繰り返して安定的なキャリアの展望が困難な事例でも、30歳くらいになるとキャリアを安定させ、家族を形成して生活を成り立たせている事例もある。

　一方で、この調査では女性のキャリア志向の弱さ、結婚願望の強さをみることができる。低賃金の仕事でみえてくるキャリアより配偶者の所得への期待があるとも考えられる。しかし、高所得の配偶者と巡りあう可能性は大きくない現実がある。ここで示したように、実際には配偶者の所得のみで生活できるわけではなく、結婚するにしても女性も一定水準の所得のある就業の継続が求められる。これが、結婚の躊躇につながっている可能性がある。多くの女性にとって、キャリアは決して無関心でいられるものではないのである。

　このように地方圏での賃金水準の低さが、離家や結婚の契機を失わせ、自立した生活を困難にしていると考えられる。

(3) 社会のなかで孤立する若者

　ところで、これらの事例をみて気がつくのは、若者が、仕事や暮らしで困難な状況に陥っても支援を求めていないことである。これらの事例でみたところでも、長時間にわたる残業や無理なノルマ、また職場の事故など職場で問題が発生しても労働組合や行政機関に相談したり、支援を受けたりしておらず、職場を去るという消極的な行動で問題に対処している。調査事例では、生活実態は十分に把握できていないが、生活の問題について相談したり、支援を受けているという話は出てこない。

　若者の貧困が社会的問題としてとりあげられるが、「休業手当や福祉制度に関する知識も乏しいまま、(中略)、じわじわと追い詰められていくというパターンが目立つ」。そして「若者の多くが生活保護の利用を『周りに知られたくない』『まだ諦めたくない』などという理由で拒絶」する姿はマスメディアの報道でもよくみられる[14]。これらのルポルタージュの多くは、地方から大都市に出てきて、職を失い、生活に困窮する若者が中心で、地方圏の事例は多くはない。報道が大都市圏を中心になっていることを除けば、この背景として、第一に、小論でみてきたように、「地元」であれば親と同居することによって貧困が顕在化しないこ

とである。都市部の事例では、地方から都市に出てきて、親を頼れないことが多いのにたいして、地方圏ではその逆となり、親との同居で問題に対処しようとしているということができる。しかし、若者の貧困が顕在化しなければよいということにはならない。それは結局若者の自立を難しくしているのである。

　もう一つの背景は、都市での若者の貧困は、このルポルタージュにみられるように、支援団体とのつながりでみえてくることが多く、地方圏ではそうした支援の社会資源が乏しいことが考えられる。「自己責任論」にたつ若者の抱える困難が顕在化するには支援団体の存在は大きい。

　同時に、若者は、転職しつつキャリアを模索しているなかで、そのときにキャリアを形成するきっかけとして重要なのは地域の人的ネットワークである。友人などのネットワークで就職する例は、これらの調査でも少なくない。しかし、そうした人的ネットワークがなかったり、それを生かすことができずに孤立している人にとっては、不安定なキャリア展開の下で自立が難しいことになる。多くの若者が社会的に孤立化しているなかで、その自立を支える公共政策は重要といえる。

(4) ライフコースを模索する若者たち

　小論では、非正規化、雇用流動化など都市を含めた雇用構造の変化の下で、キャリア形成の難しさが標準的ライフコースの崩れにつながっていることを論じてきた。とくに地方圏では、その雇用構造の特徴の下で就業機会の選択肢が限られていることが、若者のキャリアの構築をいっそう難しくしていることを指摘した。従来の標準的ライフコースが崩れているが、それに代わる新たなライフコースのモデルがみえているわけではない。

　そうはいっても、調査を通じて、若者自らがキャリアを見直し、新たなライフコースを模索している姿もみえてくる。

➤31歳女性、山形県

　　グループホームに臨時で入ったが、法人の人事方針に不満があり、転職を考えたが、上司の薦めで正職員の登用試験を受け、正職員になった。非正規のときにつきあっている人と結婚を考えていたが、正職員になるまで結婚に

ふみきれなかった。それが正職員になったこともあって、いまの配偶者と結婚した。介護の仕事はつづけたいが、賃金には不満がある。

➤41歳男性、山形県

　　大卒で農業関係の会社の正社員を経験したのち、現在は、高校で一年更新の臨時の実習講師をやりながら、家業の農業を手伝っている。自分が農業で学んだことを高校生に教えることができ、「やりがいが感じられる」。今後は教員採用試験を受けることを考えている。30歳代に入って婚活をはじめたが、うまくいかなかった。そこで、見合いで自治体の臨時職員の女性と出会い、同居生活をはじめた。将来は、教員をしながら、家業を継ぎたいと考えており、そうした将来像を彼女と考えてゆきたい。

　この31歳女性は、非正規雇用のままでは結婚に躊躇していたが、正社員になることを契機として結婚している。共稼ぎ世帯でも正社員のキャリアは自立するうえで重視されている。その一方、41歳男性は、非正規雇用者同士での結婚を考えているが、いずれもキャリア展開が難しいなかで、従来型の男性稼ぎ主モデルとは異なるライフコースを模索しているといえる。

　一方、次の事例は、これまでの調査とは異なる聞き取り調査[15]によるものであるが、地方圏での暮らしを模索する姿がみえる。

➤35歳男性、長野県

　　以前から地域づくりに関心があったが、大学生のときに野菜のおいしさを知り、有機農業へ関心をもつようになった。そして、卒業後に有機野菜を使ったものを提供する飲食店に勤めたが、仕事があわず退職した。その後有機野菜を使った料理の提供や仕出しをするカフェを開業した。ただし、店の売り上げは不安定で、収入が少ない時にはアルバイトの仕事をしている。パンデミックの影響を受けたことを契機として仲間とキッチンカーをはじめた。また、狩猟に関心をもち、地域の友人との狩猟は生活の一部になるとともに、鹿肉の販売なども行っている。

これは、自営業開業の事例であり、自律的な仕事が可能であることもあって、

自分の関心＝思いにそって、さまざまな事業を進めているが、それは事業拡大と呼ぶよりも、自らの関心の広がりを仕事に結びつけているというべきであろう。この事例では、結婚し、子育ても行っており、順調にライフコースを歩んでいるようにみえる。しかし、売れ上げの少ないときには雇用のアルバイト仕事をしており、経営の面や所得ではリスクを抱えている。そうしたなかでも、アルバイトは、あくまで所得の不足を補うものであって、勤めに転職するつもりはない。カフェとそれに関連した仕事で自分のキャリアを追求しており、それで暮らすことを選択している。

　この事例で、カフェの経営という点だけに焦点をあてると「経済的自立」ができているかどうかは疑問になる。しかし、アルバイト収入に一定依存しつつも、家計は成り立っており、また生き方を自ら選んでいる点では、人格的、社会的には自立しているといえる。

(5) ライフコースの選択と若者の自立

　キャリア形成が難しく、それが成人への移行を困難にしている地方圏の若者のなかには、従来の大企業正社員のキャリアやそれにもとづくライフコースではなくても、非正規雇用や自営業で自らの求めるキャリアや暮らしを追求している姿がみえる。それは、必ずしも経済的に豊かではないし、また、安定した将来のライフコースがみえているわけではないが、離家や結婚などを経験しながら、仕事や生活について自分の生き方・暮らし方を追求している姿は人格的に自立しており、また、社会生活の面でも自立しているといってよい。

　すでに論じたように、「自立」という意味には多義性があり、たしかに、今日の雇用環境は、若者の「自立」を困難にしているが、人格的に自立した姿というのは、若者自らが、社会のなかでの自分のキャリアや暮らし方を考え、追求、選択することにある。厳しい雇用環境の下でも、若者がそうした自立を追求していることに注目することも重要である。しかし、それは誰でもできるわけではない。小論でみた事例でも、親と同居するなどして、自らのライフコースを選択することが難しいケース、将来の暮らしがみえないケースもみられる。

　2で検討したように、「支援」を受けないことが自立というわけではなく、人

格的自立にむけた援助は、社会福祉の重要な課題である。そのことを考えると、「経済的自立」の重要性は相対的なものであって、自立したキャリアや暮らしにむけて、さまざまな相談援助や経済的給付、社会サービスが重要な役割を果たすはずである。その意味では、若者の自立にとって重要なことは、離家や親からの自立、そして、社会的な自立であり、それを支援する体制をつくることが社会的な課題といえる。

(6) 若者の自立を支援する公共政策

　非正規雇用の増加など雇用構造が変化し、若者が従来のようなキャリアやライフコースを歩むことが難しくなっているなかで、若者の成人への移行＝自立を進めるに社会的な支援が求められる。

　まず、若者の自立には、安定したキャリアの展望や所得が重要となる。2000年代に入ってさまざまな若者の就業問題が社会的に注目されるなかで、若者を支援する政策がとられた。とくに、職業紹介やカウンセリングの体制は整備が進んだともいえる（阿部 2021: 220-224）。しかし、職業紹介は、労働市場環境の下で求人と求職者をマッチングする役割であるため、地域の雇用構造・雇用情勢の限界を越えることはできない。したがって、地方圏の若者が安定したキャリアを展開するうえで、ハローワークやジョブカフェなどが果たせる役割は限られている。一方、地域若者サポートステーションは、就業などに困難を抱える若者への支援としては重要な役割が期待されるが、その活動は多様なだけに、すべてが若者のキャリア構築のうえで役割を果たし得ているわけではない。むしろ孤立しがちな若者にたいしつながりをつくり、多様な支援に結びつける場としての役割が重要といえる。

　雇用の構造は産業構造や経済構造の影響をつよく受けるため、若者の安定したキャリア形成には日本経済のあり方が問題となる。地方圏でいえば、雇用は地域産業構造の影響が大きいので、安定した雇用を確保できる地域産業構造の構築が重要といえるが、日本経済の構造変化の下で、地方圏ではパートタイムが多い小売業や個人サービス業などの雇用が拡大しており、安定した雇用の確保は困難になっている。所得面では、『平成27年経済白書』が分析したように地域の所得と

生産性には正の相関があり、高い所得を得るには、生産性の高い産業構造を構築する必要があるが、情報通信産業など生産性の高い産業は都市部に集積しており、地方圏では立地が限られている。

　こうしたなかでは、地方圏の若者の自立にむけた雇用構造を構築することは容易ではないが、長期的には多様なキャリアを展望できる地域の経済社会をつくることが課題といえる。それは、地方圏でも多様性のある就業の場をつくることである。とくに人的資本の高い人でも地方圏に暮すことを希望する者がキャリア展開できる雇用の場づくりは重要といえる。

　「仕事」は社会的なニーズに対応してつくられるので、地域の課題を解決することが多様な仕事をつくることにつながる。地方圏ではニーズの大きい医療・福祉はもとより、科学・技術、文化・芸術、暮らしの諸側面で豊かな地域社会をつくることが地方圏で雇用の多様性をつくり出すことに結びつく。そのためには、どのような地域社会をつくるかが公共政策に問われるのである（阿部 2021: 294-304）。

　また、若者のキャリア形成にとって、離・転職の要因にもなる職場問題は大きなリスクである。若者に限られないが、労働諸条件、働く環境、労働者の権利、ハラスメント防止など、働き続けることを阻害しない職場をつくる、あるいはそれを監視する体制の整備も重要な課題である。

　一方、地域の賃金の面では、最低賃金の与える影響も大きい。最近は最賃の引き上げが目立ち、地方圏でも最賃は引き上げられてきた。地方圏では、正社員/非正規雇用に関わらず、賃金水準は最賃レベルに近い。そうしたなかで、地方圏での最賃引き上げは、地域の賃金水準に一定の影響をあたえる。しかし、最賃が引き上げられても、その水準は大卒初任給や若年者世帯の平均消費支出額には及ばない。公務の正職員でも所得面から結婚を考えにくいというなかでは、最賃引き上げによって若者の自立を促進する所得を得ることは容易ではない。

　その一方日本の若者政策には経済的支援や住居の支援はない。若者のなかには、奨学金の返済を抱え、マイナスからの出発となるケースも少なくない。それにたいする一つの対応が親との同居という、消極的な「選択」である。しかし、それでは自立は難しい。若者の自立の契機としては離家が重要であり、それを可能に

する支援策が求められる。その点では、若者にたいする経済的支援とともに、居住の支援は重要である。キャリアの初期において就職すれば会社の寮や社宅に入ることが多い。しかし、2008〜9年のリーマンショック時に派遣切りなどで問題になったように、これは離職が住宅を失う契機となる[16]。リーマンショック時には、住居を失ったために故郷に戻り、親と同居した例も少なくなかったが、それが難しい場合には、生活の困難を抱えることになる。したがって、勤め先に関わらず住居を確保できるような居住政策が重要である。

　また、調査の中では、とくに地方圏では若年女性について自宅通勤を前提とする就職も少なくなかった。これは、ひとつには小規模企業の場合に寮などを確保できないことが背景にあるとともに、親の監督下にあるため企業が生活管理上のリスクを避けることができるということもあろう。しかし、これは若者の自立の阻害要因となる。女性についても、住宅を確保するとともに、親元からの通勤を前提する就職などの慣行を見直す必要がある。

（7）孤立する若者への支援

　さらに、若者の孤立が問題となるなかで、孤立化している若者にたいして、仕事や暮らしの支援を通じて、社会に統合する体制をつくることが重要である。すでに地域若者サポートステーションが導入され、ひきこもり地域支援センターなど引きこもりへの相談窓口なども設置されている。また、内閣府も孤独・孤立対策を進めてはいる[17]。しかし、若者の貧困にみられるように、孤立している若者がこうした公的制度に結びつくことは容易ではない。さまざまな支援の仕組みはいちおう用意されていても、それにアクセスできないから孤立しているのである。そこには、他人に迷惑をかけないといった「自己責任」論の内面化がある。そうした状況の下では、結局、さまざまな社会資源が用意されており、偶然的にでもアクセスする機会を拡大することが当面できることであろう。しかし、それを公的な行政機関がやることが必ずしも適切とは言えない。たとえば、福祉事務所が自立した生活の相談窓口として機能しているわけではない。行政組織にはそれぞれの役割や論理があり、そこでは、若者の生活全体を支援することにはなりにくい。社会福祉協議会や生活困窮者自立支援法の相談の窓口などは「自立」への支

援を行う役割を担っているが、孤立化している若者がアクセスするにはハードル
が高い。そうした面で大きな役割を果たしてきたのは、民間の若者支援団体であ
る。そのためには、民間団体にたいする支援を拡大することを通じて、孤立化し
ている若者を支援する多面的なルートを構築することが重要といえよう。

(8) 若者の自立にむけた生活保障

　現代の福祉国家では、人々の生活は一次所得にくわえて、社会保障にかかわる
現金給付やサービス給付で成り立っている。福祉国家においては、高齢者や生活
困窮者に限らず、誰もがこうしたなかで暮らしている。働いている世代の人も、
医療保険などでリスクをカバーしているし、多くの人の子育ては、金額は問題に
せよ、児童手当や保育サービスなどの支援を受けている。もちろん、これら生活
を支える資源がどのように組み合わせられるのかは、国によって異なっており、
その組み合わせ方には政策選択の余地がある。
　若者の自立という点を考えれば、「経済的自立」、とくに勤労所得で生活するこ
とだけが重要なわけではない。社会保障や社会福祉サービスの支援を前提とした
暮らしで自立したライフコースを送ることも考えられる。長いライフコースにお
いては、さまざまな生活のリスクがあり、そうした生活リスクに対応できる社会
保障・福祉政策が重要な意味をもつ。若者が自立してライフコースを歩むために
は、勤労所得にくわえて社会保障の現金給付やサービス給付などによる生活保障
のシステムの確立が求められる。
　もっとも社会保障があれば勤労所得が低くてもよいわけではない。福祉給付に
大きく依存すれば、財政負担が過大になる可能性があり、労働の価値にみあう勤
労所得の確保は、当事者のみならず、福祉国家を成り立たせるためにも必要であ
る。

7．むすび

　小論では、1990年代以降の日本経済の構造変化の下での非正規雇用の増加や
地方での賃金水準の低さなどが、地方圏での若者の離家や結婚などを難しくして

おり、全体として成人への移行を遅らせていることを論じてきた。しかし、地方圏の若者の自立を困難にしているのは、労働市場の構造変化によるキャリアの変化、多様化だけではなく、雇用機会の多様性に乏しく、キャリア選択の幅が狭い地方圏の雇用構造の特徴によるところも大きい。この両方の要因が重なって、地方圏での若者の離家の遅れなど自立を困難にし、結婚の先送り、未婚にもつながっている。それは少子化の要因の一つともいえる。

ただし、地方圏でも、安定したキャリアが展望できるわけではないが、自ら仕事や暮らし方を考え、選択している若者の存在も同時にみてゆく必要がある。そこでの仕事や暮らしにはリスクも大きいが、自分の求めるキャリアの追求、生活への志向、地域とのつながりなど、自らで考え、選択していることをみると、地方圏で自立した生き方を追求する人々の姿がみえてくる。

こうしたなかで、長期的には、多様性に富む雇用の場をつくり、専門職や高学歴者がその能力を生かせるような地域産業構造を構築することが課題であるが、若者の自立という観点では、離家を可能とする住宅政策や生活を支える社会保障・社会サービスの拡充も求められる。とくに、親を含めた家族の病気・ケガ、借金、介護などは生活のリスク要因になるので、これらのリスクに対応できる、安心できる社会保障・福祉政策が重要である。それは結婚ばなれ・未婚化への対応にもつながり、少子化への対応策ともなりうる。

ところで、若者の自立のうえで障害となっている一つの問題は、SNEPなど多様な姿で現れる「孤立」である。とくに新型コロナ感染症拡大の下での若者の孤立の問題が表面化した。生活が切迫しないと助けを求めないといわれるが、問題なのは「自助」「自立」という社会規範の強さである。しかし、実際には、孤立は自立を妨げ、暮らしの基盤を掘り崩す。若者の孤立化は、彼らの社会とのつながりの弱さを照射する。こうした孤立する若者を社会資源に結びつけ、社会的に包摂することが重要であり、NPOの活動などを通じて、若者を支援する場・機会をいかに広げるかが社会の課題となっている。

〔注〕
1　石井・宮本・阿部（2017）及び阿部（2021）の調査。

2　日本ソーシャルワーカー連盟「ソーシャルワーカーの倫理綱領」（2005年1月27日制定、2020年6月2日改訂）

3　定藤・岡本・北野（1993: 8）

4　厚生省（1999）『社会福祉基礎構造改革について（社会福祉事業法等改正法案大綱骨子）』

5　「生活困窮者の生活支援の在り方に関する特別部会」（2013）

6　たとえば、「彼ら、彼女たちの多くは仕事も住まいも失った状態まで追い詰められ、ようやくSOSのメールを発信する。『もう何日も食べていない』と話す人も珍しくない」（藤田 2021a）という。ここにあるのは、支援に頼ろうとしない若者が孤立している姿である。

7　2000年の国勢調査では、未婚者の7割弱が親と同居しているのにたいし、既婚者は2割程度であるので、結婚すると親から独立する人が多いことは2015年と同じである。親同居未婚者を男女別にみると、未婚男性（935万人）の63.0％、未婚女性（737万人）の72.5％が親と同居しており、未婚女性は親と同居する人が多い（内閣府 2002: 100-101）。

8　それぞれの調査概要については、石井・宮本・阿部（2017: 18-20）、阿部（2021: 139）を参照。なお、年齢などは調査時点のものである。

9　「キセツ」は沖縄県で県外への出稼ぎのことを意味する。

10　石井・宮本・阿部（2017）の調査では、調査対象者のうち未婚者の者が112名であったが、このうち親元を離れていたのは18名である。

11　中澤（2017: 150-154）は、この調査のうち、山形県で行った調査対象の賃金分布を分析し、20歳代前半の者は月収がおおむね15万円以下であるが、20歳代後半になると正職員については「手取り月収が15万円を超えることが多くなる」と述べている。

12　2010年の「家計調査」では、全国の2人以上世帯の平均消費支出34万82930円にたいして、大分市の平均消費支出は33万2857円であり、全国比94.8％である。これを世帯主が25〜29歳の世帯の消費支出額23万4023円にあてはめると、同年齢世帯の大分市の平均消費支出額は、22万1854円という推計額が算出される。

13　平均の世帯人員は、3.18人。

14　藤田（2021a）及び藤田（2021b）

15　2016〜2022年に地方都市で行った自営業に関する調査での聞き取りによる。

16　中澤（2014: 191）では、リーマンショック後の雇用調整にたいする自治体の緊急雇用対策とそれにたいする離職者の動きが分析されているが、自治体への相談として住宅がもっとも多いと述べている。

17　内閣官房孤独・孤立対策担当室のホームページによれば、「社会的不安に寄り添い、深刻化する社会的な孤独・孤立の問題について総合的な対策を推進するための企画及び立案並びに総合調整に関する事務を処理するため、内閣官房に、孤独・孤立対策担当室を設置いたしました」とされている。

〔参考文献〕

阿部誠（2021）『地方で暮らせる雇用』旬報社

阿部誠（2017）「若者が地方圏で働き暮らしてゆくために」石井まこと・宮本みち子・阿部誠編『地方に生きる若者たち』旬報社

池谷秀登（2018）「生活保護自立支援プログラム導入時の議論と到達点」大原社会問題研究所雑誌、No.717

石井まこと・宮本みち子・阿部誠編（2017）『地方に生きる若者たち』旬報社

石黒格・李英俊・杉浦裕晃・山口恵子（2012）『「東京」に出る若者たち』ミネルヴァ書房

岩上真珠（1999）「20代、30代未婚者の親との同別居構造」人口問題研究、55巻4号

太田聰一（2007）「労働市場の地域間格差と出身地による勤労所得への影響」樋口美雄・瀬古美喜編『日本の家計行動のダイナミクスⅢ』慶応義塾大学出版会

太田聰一（2010）『若年者就業の経済学』日本経済新聞出版社

太田聰一（2017）「地域経済が抱える課題と労働市場」川口大司編『日本の労働市場』有斐閣

小川善道・杉野昭博編（2014）『よくわかる障害学』ミネルヴァ書房

木本貴美子（2017）「仕事と結婚をめぐる若者たちの模索」石井まこと・宮本みち子・阿部誠編『地方に生きる若者たち』旬報社

厚生労働省（2015）『平成27年労働経済白書』

桜井啓太（2017）『〈自立支援〉の社会保障を問う』法律文化社

定藤丈弘・岡本栄一・北野誠一編（1993）『自立生活の思想と展望』ミネルヴァ書房

佐藤久夫・小澤温（2006）『障害者福祉の世界』有斐閣

橘木俊詔・浦川邦夫（2012）『日本の地域間格差』日本評論社

内閣府（2022）『令和4年版　少子化社会対策白書』
https://www8.cao.go.jp/shoushi/shoushika/whitepaper/measures/w-2022/r04webhonpen/html/b1_s1-1-4.html　最終アクセス2023年4月21日

内閣府編（2002）『平成15年　国民生活白書』ぎょうせい

中澤高志（2014）『労働の経済地理学』日本経済評論社

中澤高志（2017）「若者が地方公共セクターで働く意味」石井まこと・宮本みち子・阿部誠編『地方に生きる若者たち』旬報社

藤田和恵（2021a）「『時給高いから上京』の21歳女性を襲った"想定外"——コロナ禍であぶりだされた『若者の貧困』の悲痛」東洋経済ON LINE『見過ごされる若者の貧困』」
https://toyokeizai.net/articles/-/470164　最終アクセス2022年10月12日

藤田和恵（2021b）「『コロナで路上生活』38歳元派遣の"10年前の後悔"——非正規の若者たちを取材して浮かんだ共通点」『若者の貧困』の悲痛」東洋経済ON LINE『見過ごされる若者の貧困』」
https://toyokeizai.net/articles/-/470164　最終アクセス2022年10月12日

古川孝順（2005）『社会福祉原論　新版』誠信書房

堀有喜衣（2016）「若者の地域間移動はどのような状況にあるのか」Labor Business Trend, 2016年5月

宮本みち子（2002）『若者が社会的弱者に転落する』洋泉社

宮本みち子（2017）「若者の自立に向けて家族を問い直す」石井まこと・宮本みち子・阿部誠

編『地方に生きる若者たち』旬報社

労働政策研究・研修機構（2015）『若者の地域移動』JILPT資料シリーズNo162

Todaro, Michel P.（1969）'A Model of Labor Migration and Urban Unemployment in Less Developed Countries' American Economic Review, Vol. 59-1

厚生省（1999）『社会福祉基礎構造改革について（社会福祉事業法等改正法案大綱骨子)』

https://www.mhlw.go.jp/www1/houdou/1104/h0415-2_16.html

社会保障制度審議会（1995）『社会保障体制の再構築（勧告）―安心して暮らせる21世紀の社会をめざして―』

https://www.ipss.go.jp/publication/j/shiryou/no.13/data/shiryou/souron/21.pdf

社会保障審議会「福祉部会生活保護制度の在り方に関する専門委員会」(2004)「生活保護制度の在り方に関する専門委員会報告書」

https://www.mhlw.go.jp/shingi/2004/12/s1215-8a.html

社会保障審議会「生活困窮者の生活支援の在り方に関する特別部会」(2013)「社会保障審議会生活困窮者の生活支援の在り方に関する特別部会報告書」

https://www.mhlw.go.jp/stf/shingi/2r9852000002tpzu-att/2r9852000002tq1b.pdf

日本ソーシャルワーカー連盟「ソーシャルワーカーの倫理綱領」(2005年1月27日制定、2020年6月2日改訂)

https://jfsw.org/code-of-ethics/　　最終アクセス2023年4月21日

内閣官房孤独・孤立対策担当室ホームページ

https://www.cas.go.jp/jp/seisaku/kodoku_koritsu_taisaku/index.html　　最終アクセス2023年4月27日

日本労働社会学会年報第34号〔2023年〕

地方において女性はどのように自立できるのか
—福祉専門職と研究職のキャリア選択の語りからの検討—

廣森　直子
（大阪信愛学院大学）

1．はじめに

　自立して生きることは誰にとっても大きな課題であり、経済的自立ができるかどうかはその人がどのように生きようとするかを左右する。女性にとっての自立は、何が自立ということなのか、その多様な側面や性差の問題、自立を妨げているものは何か、など様々に論じられてきた。天野正子は『岩波女性学事典』（2002）で自立を「他者との関係性のなかで実現される個人の自己決定性」と定義し、自立は社会や他者とのダイナミックな相互作用や関係性のなかで達成されるとし、第一波フェミニズムでは女性の自立を妨げる制度上の明示的な性差別の問題、第二波フェミニズムでは私的で親密な関係性のなかでの自己決定性の非対称の問題が主題化されてきたと整理している。

　その後のポストフェミニズム、第三波フェミニズムとされる社会の動向のなかで女性の自立はどう変化したのか。経済的自立の側面を見れば、M字カーブの底は上がったものの労働市場の正規／非正規の二重構造のなかで女性は非正規に固定化されるジェンダー構造は維持されてきた。若年女性の労働者、職業人としての自立は複雑であり、労働市場は女性労働を求めるが、稼ぎ手として社会的に承認を受ける男性と違い、女性には常にジェンダー役割が負わされ、家族の世話や介護は、家族の状況の中で期待されることが多く、女性の自立は阻まれているという（小杉・宮本 2015: 9-16）。バックラッシュ後の若い世代の性別役割分業意識は上昇しているが、それは女性の就労を進めつつも、男性の家事育児参加や子育て支援制度が整わず、仕事と子育ての両立が「運次第」となる中で、現実のそ

の時々の状況に合わせて柔軟に対応していくことができるような価値観を持つことが、現代を生き抜くのに最も適合的な戦略になっているのではないか、と指摘されている（高橋2020: 89-105）。

　こうした日本の状況を踏まえて、本稿では地方の女性が自立のためにどのような選択をしてきたのかを検討したい。手がかりとするのは、筆者が行ってきた青森県の福祉専門職養成大学の4年生、卒業生へのインタビュー調査、不安定雇用の女性研究者へのインタビュー調査である。これらの調査で得られた地方で大学進学や専門職を志向するキャリア選択にまつわる語りから、主に以下の二つのことに注目したい。

　一つは、地方ではキャリア選択の幅が狭くなる、キャリアの選択か地域の選択かを迫られるが（阿部2021）、そうした地方で女性がどのように自分の選択肢を自覚し、自立しようとしているのかを考察することである。

　1990年代以降の若者世代の経済事情の悪化による生存戦略として親元での暮らしが増え、離家の遅れや結婚年齢の上昇・未婚化が進んだ（宮本2004: 141-235）。若者の自立観のなかみ（経済面、生活面、精神面など）の地域差はあまりないが、東北では離家を自立の手段として実行するととらえる傾向が薄いともいわれる（中島2019）。日本では若者向けの社会保障制度は乏しく、全般的に若者の離家が難しい状況があり、男女とも非都市部ほど離家の可能性が低く、親との同居の可能性が高く、離家や結婚の可能性はジェンダーによる差異があるという（上間・乾2017）。また、きょうだい出生順と地域移動希望の関連を検討した量的調査によれば、長男への制約は自明なものではなくなり、長子あるいは一人っ子の女子に地域移動に関する制約がある傾向が指摘されている（斎藤2019）。

　地方で専門職として生きることは、キャリア選択の幅が狭い地域で、経済的に自立する手段でもある。地方でも大学進学率は上昇しているが、大学を卒業しても安定した職業に就くことができるとは学生たちは自明視していない。彼女たちが、どのように自分のキャリアを展望して、大学進学を選び、大学のなかで専門職養成大学を選び、さらに就職先や就業地を選んだのか、卒業後の人生のワークキャリア／ライフキャリアをどのように展望しているのか、他者や社会との関係性のなかでの彼女たちのキャリア選択の自己決定性の内実をえがき、福祉専門職

で生きていくことは地方で女性が自立する手段たりえていたのか、そのような手
段や進路の展望を若者に提供できているのかを考察したい。

　もう一つは、女性の経済的自立は、裏を返せば、経済的自立が困難なゆえの
「女性の貧困」の問題であるが、それが見えづらくなっているということである。
1990年代末ごろから非正規雇用の若年男性の貧困や社会的孤立は社会問題化し
てきたが、それを上回って進んでいた若年女性の非正規雇用者化は社会問題とし
て認識されず不可視化されてきた（小杉・宮本2015）。江原由美子（2015）は、
「女性の貧困化が見えない」ということの意味は、「見えていない」ということよ
りもむしろ、「見えていても社会問題として取り挙げるには値しないとみなされ
ている」という意味であり、当然ここには、日本社会が前提としている家族観や
ジェンダー観が強力に作用していると指摘する。

　女性の貧困が見えづらいだけでなく、女性のキャリア選択にまつわる様々な不
利はそもそも見えづらい。女性が教育段階から就職後に至るまでの研究職として
のキャリアのパイプラインから次第に退出する傾向は“パイプラインの漏れ”と
いわれるが（Blickenstaff 2005）、“漏れ”ていくしくみは明らかではなく、女性
の自己選択であるととらえられてきた。筆者が行ってきた不安定雇用の女性研究
者へのインタビューでは研究職に就くまでの困難な経験を語りつつ、「女性ゆえ
の不利」は「ない」とこたえる女性たちにも出会った。熊沢誠（2007: 116-128）
は、家族的責任を女性に期待する傾向はなくなっておらず、家族的責任を引き受
けた女性が〈自発的〉に非正規雇用を選択することを〈強制された自発性〉と指
摘した。なぜ女性は家族的責任を〈自発的〉に引き受け、自らの経験を「女性ゆ
えの不利」と理解しづらいのか。彼女たちがどのように自分のキャリアを選ぼう
としていたのかを見ていくことは、〈自発性〉を強制するものが何であるのかを
検討していくことでもある。

　“地方で自立できるか”という課題は、そもそも地方で女性は自立できる選択
肢を提供されていたのか、ということである。本稿ではその現実の一端を検討し
たい。なお、本稿で検討するインタビュー調査は、いずれも“女性の自立”を調
査目的として行ったものではなく、福祉専門職はそのキャリア選択の内実を、不
安定雇用の女性研究者調査はその困難性を明らかにすることを目的として行った

ものであり、すでに何度かにわたって考察してきた（廣森2018a、2018b、2020、2021、2022、2023、廣森ほか2022）。本稿はそれらの考察を土台として、とりわけ「社会や他者との関係性のなかの自己決定性」としてのキャリア選択についての語りに注目することとした。

2．青森県という地方

　本章では、福祉専門職のインタビュー調査の調査対象集団のある地域（青森県）の状況をみておく。地方はそれぞれの地域によって地理や人口構造、産業構造、その地域課題も異なっているが、青森県の状況は地方社会によくみられる特徴を示してもいる。

（1）青森県の人口構造

　青森県の人口動態の推移をみると、長期にわたって社会減がつづいており、1999年より自然増から自然減に転じて以降は人口減少となり、2020年10月1日現在の青森県の人口は1,237,984人である（青森県企画政策部2022）。人口構成は年少人口、生産年齢人口の減少と老年人口の増加より、高齢社会になっている（青森県統計分析課2023）。社会減の状況を年齢別にみると、特に18歳、22歳、20歳の転出超過が突出しており、高卒後、大卒後、短大卒後に進学や就職を機に県外への移動する人が多いとみられる。

（2）青森県における高卒後の進路

　青森県と全国の高卒就職率と大学進学率の推移をみると、大学進学率が高卒就職率を上回るのは、全国平均では1994年、青森県では2005年であり、青森県ではその後どちらも3割弱から3割台の期間が10年ほどつづいたのち、現在では大学進学率が高卒就職率を上回る状況が定着したとみられる。大学進学率と高卒就職率にはジェンダー差があり、2021年の大学進学率は女42.5％、男44.0％、就職率は女20.2％、男32.4％（青森県教育委員会2021a）であった。
　青森県における大学進学機会は県内の都市部に偏在している（廣森ほか2022）。

県内に大学は11校（国立1校、公立2校、私立8校）、短大は5校（いずれも私立）あり（青森県教育委員会2021b）、大学・短大は1校を除き主要3市（青森市、弘前市、八戸市）にある。

　青森県教育委員会「学校一覧－令和3年度－」（2021b）より集計すると、青森県内の大学の定員は3,697人、短大の定員は600人であるのに対し、2021年3月の高等学校卒業者（青森県教育委員会2021a）は10,798人、大学進学者は4,672人、そのうち県内大学への進学者は1,939人（県内国公立863人、県内私立1,076人）であり、県外大学への進学者のほうが多い。

（3）青森県の働く女性の状況

　青森県の女性の就業率は高く、就業構造基本調査（2017）によれば25-29歳で82.0％（全国81.2％）、30-34歳で81.0％（全国74.0％）、35-39歳80.2％（全国72.9％）、40-44歳79.3％（全国76.9％）であり、M字カーブはほぼみられない（青森県2021）。

　国勢調査（2020）から青森県の女性の労働力状態を確認すると（青森県企画政策部統計分析課2022）、15歳以上の人口総数に占める労働力人口は51.6％（男性69.8％）、その中で就業者で「主に仕事」は39.2％（男性63.1％）、「家事のほか仕事」は8.8％（男性1.2％）であり、非労働力人口は48.4％（男性30.2％）、「家事」は20.7％（男性3.0％）である。女性の労働力率は、すべての年齢階級で上昇しており、雇用者の従業上の地位の内訳をみると「正規の職員・従業員」52.9％（男性84.4％）、「パート・アルバイト・その他」45.1％（男性13.9％）であり、女性はいわゆる非正規の不安定な雇用についている人が多い。

　青森県の産業別就業者数（2020）を見ると、最も多いのは「卸売業・小売業」15.8％、ついで「医療、福祉」が14.7％であり、性別で見ると女性は「医療、福祉」が24.2％で最も多い。

（4）青森県民のジェンダー意識

　青森県民のジェンダー意識について、青森県青少年・男女共同参画課「令和2年青森県男女共同参画に関する意識調査」をみると（調査対象：県内に在住する

満20歳以上の者2,000人、調査時期：2020年10月）、男女の地位の平等感について、「政治の場」、「社会通念・習慣・しきたり」、「社会全体」、「職場」、「法律や制度の上」などの多くの場で「男性のほうが優位」と感じており、「学校教育の場」、「自治会やNPO、ボランティアなどの地域活動の場」では、平等と認識している割合が高い。夫婦の役割分担の理想と現実についてみると、「妻は家庭を守り、夫は外で働く」という考え方に賛成は34.7%、反対は56.1%であるが、家庭での役割分担は「理想」では「夫婦で同程度」が半数以上を占め、「現実」は「主に妻」が多くを占める。

　若年層のジェンダー意識についての調査（トランスローカリティ研究会2018）をみると（調査対象：青森県むつ市・おいらせ町の20歳から39歳、調査時期：2018年4-5月）、「女性は子どもができても、ずっと職業を続けるほうがいいと思う」は6割強が肯定しているが、「一家の生計を支えるのはやはり男の役割だ」は約半数が肯定している。ジェンダー化された社会における「大人になること」の実質的な意味の男女差（男性にとっては経済的自立をもたらす就職、女性にとっては就職ではなく結婚と母親になること）は、理念型としては複雑化しているが（多賀2005）、女性には二重役割（仕事と家庭の両立）としての性別役割分業が期待されている社会的状況はつづき、意識調査に見られる性別役割規範意識の強さは、その反映であると考えられる。

(5) 小括

　以上をごく簡単にまとめると、人口減少や高齢化が進む青森県という地方は、医療福祉に従事する女性の割合が高く、大学進学率も上昇してきているが全国平均からは1割ほど低い。女性の労働力率は高いが、非正規で働く女性の割合も高いことから経済的自立は容易ではなく、性別役割分業意識はまだ色濃く残っている。以下では、そうした地域において大学進学や専門職をめざした女性たちのインタビューから考察する。

3．地方における福祉専門職のキャリア選択にみる自己決定性

　本章で検討する調査は、青森県内の福祉専門職養成大学の卒業生10人、就職決定後の4年生22人（女性24人、男性8人）を対象として2016、2017年に実施したインタビュー調査である（卒業生は個別インタビュー、4年生はグループインタビュー）。調査対象者32人のうち県内出身者は24人で、そのうち11人が調査対象大学の所在地の市内出身であった。

　調査対象者のうち卒業生は1999〜2009年、4年生は2012、2013年入学者であり、この時期は青森県で大学進学率が高卒就職率よりも低かった時期（1999年の大学進学率は23.8％、高卒就職率は34.1％）から、それらが入れ替わり、どちらも3割台となって大学進学率が高卒就職率を上回っていく時期（2013年の大学進学率は34.0％、高卒就職率は31.5％）である。

　本調査対象集団である社会福祉士の養成大学は、公立の4年制大学であり、女子割合は7〜8割程度、県内出身者割合は6〜7割程度、卒業後の県内就職率は5〜6割程度（そのほとんどが県内出身者）、奨学金の貸与者は6割程度である。学生の9割程度が国家試験を受験し、8割程度の合格率であり、ほぼすべての学生が就職している。

　社会福祉士は、社会福祉業務に携わる人の国家資格であり、「社会福祉士及び介護福祉士法」(1987) により位置づけられた「名称独占」の資格である。ソーシャルワーカーという日常生活に困りごとや不安を抱えている人への相談や援助を行う職種があるが、資格を持たなくてもソーシャルワーク業務を行うことはできる。その専門性を担保すると考えられている国家資格である。調査対象集団の専門職養成大学の卒業生の就職先は、社会福祉法人・施設職員（支援職・相談職）、病院（相談職）、公務員（福祉職・行政職）、一般企業（福祉系、福祉系以外の職種）など多岐にわたっている。

(1) 大学進学における他者との関係性と自己決定

　インタビュー調査では「なぜ福祉職をめざしたか」を尋ねている。明確に社会福祉士をめざした人、児童福祉を志した人、高齢者福祉に進もうと思っていた人、

「おばあちゃん子」で高齢者に親しみを持っていた人、高齢社会で就職口が広いと期待した人、県内の公立（文系）大学に進学したかった人、資格のある専門職になりたかった人、「人の役に立ちたい」と思っていた人、ボランティアが好きだった人など、志望のしかたはいろいろであった（廣森 2023）。

　特に4年生は高校までの学校教育段階でキャリア教育を受けてきた世代であり、自分の将来の職業について考えたり調べたりする機会を持っている。苦労した母親から「ちゃんと選びなさい」といわれていた人もいる。それゆえに「ちゃんと選ばなければ」という思いがある一方、「何でも選べるわけではない」こともわかっており、「自分がやりたいこと」をみつけ、「自分ができること」に沿わせていくプロセスが語られる。それは具体的には、福祉をめざすというよりも「自分が入れる」「文系」「実家から通える」「県内の公立の四大」「資格が取れる」といった大学選択の理由である。

　都市と地方の高等教育への進学機会の格差は大きく（朴澤 2016）、青森県内でも都市部とそうでない地域の地域間格差はある（廣森ほか2022）。むろん、大学進学は自分が「行きたい大学」を選ぶことが先決であるが、それは「自分が行ける大学」とは限らないため、まずは学業成績で「入れる大学」が絞られていくが、受験校の選択をする以前にそもそも自分の選択肢と考えていた大学が多くあったわけではない。

1）進学先選びと経済事情

　家庭の経済的状況は最もよく語られる進学先の選択理由の一つである。きょうだいの大学進学の学費を気にしつつ「まず県内の学費が安い所で、自分の学力で入れる」ところを選んでおり、親に「経済的な負担をかけたくない」という思いがある。実家から通えるために「一人暮らしのお金」もかからず「一番経済的に楽な大学」であることをあげる人もいる。県外大学への進学は「お金がかかる」ため親に「いい顔をされ」なかった、家庭の経済事情から「私立はだめ」といわれるなど、「入れる」大学の選択肢はもともと県内の国公立に限定されてとらえられていた。つまり、自分の興味関心や学力よりも先に、まず「安さ」ゆえに県内の国公立大学が選択肢となり、その選択肢の中で「自分が行きたい」「自分が

入れる」大学が選択されていた。大学進学で「都会の大学」に行くことを望んでいたが、「親の心配」と経済事情でかなえられなかったという人は、その「うさをはらす」ために、就職先は県外に決めている。進学先と異なり、就職先は「自分の力」で決定しようと思えばできることなのだと彼女はいう。

そうした経済事情から大学進学という選択肢を選ぶために奨学金を「もらう」ことは「普通」ととらえられている。調査対象者32人のうち、奨学金を借りていた人は24人、社会福祉協議会の大学進学者向けの「福祉資金」を借りていた人が1人いた。在学中は実家から通ってバイトと奨学金で学費を賄っていた人や、一人暮らししながらバイトと奨学金で親からの仕送りなしに学生生活を送っていた人もいる。奨学金が「将来の負担」になることは強く認識されており、その負担を負って大学進学したことは、「大学で学んだことを生かした就職」をしたい思いにもつながっている。母子家庭の出身者は就職したら「お母さんとか弟にはお金をいれたい」とも語り、経済事情は強い就業継続意識ともつながっている。

2)「自分が入れる」大学が選択肢としてあること

「自分が入れる」大学ということは、第一義的には自分の学業成績で「入れる」かどうかという意味である。社会福祉士をめざして推薦入試で入ってきた人は「頭はなかったもんで、ずっとE判定とかで、まじで推薦が落ちたら多分うちはここにいないです」という。推薦入試やAO入試で入学してきた人は、自分の学力では一般入試では合格できなかったであろうことや、受からなければ就職するように親にいわれていた人もいる。推薦入試で入った人のなかには高校で介護の資格（介護福祉士やヘルパー）をとり、同級生はほとんど高卒で就職していくなかで進学を選んだ人もいる。彼女らは自分が福祉についてより学びたいと思ったことや、大学進学への親の賛成があったことを語っている。学業成績とからめて、県内の大学であることや「実家から通える」こと、経済事情が加味されて志望校が決定され、大学進学が選択されていく。

そうした複数の意味での「自分が入れる」大学が県内にあるということは、高校生の進路選択で大学進学を選択することを可能にしている。県内にある国公立大学の中で「自分が入れる」大学があるかどうかが検討され、経済事情と実家か

ら通えること、「入りたい大学」と自分の学力で「入れる大学」が、親の意向に
沿う自分の選択肢としてとらえられていたといえる。

3)「文系でもめざせる」専門職であること

　大学進学を前提にした進路選択の過程でも「文学部出たところで就職ないし」、
「歴史とかやったところで一体どこで働くんだ」というように、将来仕事に困ら
ないことを期待しての専門職志向や資格志向が語られ、専門職に就くことが自立
の手段として期待されていたといえる。高齢社会の中で医療福祉系の職種ならば
就職口には困らないだろうこと、介護系の職種であれば「選ばなければいくらで
もある」という共通認識がある。苦労した母親から「手に職をつけなさい」とい
われていたと複数の人が語り、それを実現できる専門職としてもめざされている。
　医療系の専門職の養成校に入学するためにはたいてい理系科目が必要になる。
保健師を志望していたが「数学の成績はもう散々なもの」であったという人は、
「文系でもめざせる」専門職である、という理由をあげている。県内にある国公
立大学を念頭において選択し、そのなかで「自分が入れる」、自分の興味関心が
もてる領域かつ専門職の資格が取れること、などが加味されて進学先が選択され
ていた。「文系でもめざせる」専門職は、自立の手段として期待され、専門職養
成大学はそのあらわれでもある専門職志向の一つの受け皿になっている。

4) 大学が「実家から通える」ことの有利さ

　「実家から通える」大学は、一人暮らしの費用がかからず経済的に有利である
ことが大きい。地元への愛着をもち、「家族を安心」させられること、そもそも
「自分が実家を出たくない」ことなどが語られている。
　実家からの通学圏内に大学（高等教育機関）があることは、学べる学問分野の
選択肢はさほど多くはないものの、重要な選択肢の一つを提供しているともいえ
る。調査対象校は、国家試験の合格率や就職率も高く、そうした魅力から「福祉
を学ぶ」ために県外から来る人もいる。「福祉系に行こう」と高校時代に決めて
いた人は「福祉を学ぶんだったら、別に県外に出る必要ないよなと思った」とい
う。文系の専門職養成大学がその地方にあることは、その地方にとどまって大学

進学を実現する機会となっており、若者にその選択肢を提供しているともいえる。

　大学が多くある都市部では、「実家から通える」範囲に国公私立大学の多様な学部があり、選択肢が相対的に多い。調査対象校も県内では都市部の県庁所在地のある市内にあるが、県内の大学のない市町村では大学進学で「実家を出る」ことは避けられない。実家から出ずにすむ選択肢があることは、地方では有利なことなのである。後の就業地の選択でも「実家を出たい」と思いつつ「お金を貯める」ために親元にとどまる人もいる。

　自分の学力で入れて、実家から「通える大学」があるので「もういいや、通える大学に入っちゃえぐらいの感じ」で、実家から出なかった人もいる。彼女たちにとって、実家や地元にいることが「楽な」選択肢であり、むしろそれを望んで進学先が選ばれている。

（2）就業地（地域）選択と家族状況

　就業地は、自分が望む職種や労働条件の職場があるかどうか、求人の出る時期の早さ、地域への愛着やその生活環境をどのように認識しているかなどによって選択される。希望職種や分野（相談職、児童福祉）を優先すると、県外に出るしかなかった人もいるし、県内の求人の出る時期が「遅い」ため、早く就職先を決めたい人が先に内定をもらえた県外に決めてしまうこともある。地域への愛着があるかどうかは、地方社会の交通の便、車が不可欠、家賃が高い、遊ぶ環境があるかどうか、遊ぶ仲間がいるかどうかなど多様な要素で構成される（廣森2018a、2021）。インタビューでは、就業地の選択は、自分が望んだものであり、自己決定であったことを語られるが、語りのなかで親の意向やきょうだいの動向が語られ、家族の状況が彼女たちの選択に色濃く反映されている。

1）きょうだいの有無とキャリア選択の自由度（選択肢の差）

　自分以外に親元にきょうだいがいる人は、比較的自由に就業地を選択している。妹が高卒就職して親元にいるという女性は、親から「援助はできない」が「自分でできる」なら実家を「出てもいい」いわれ、就職で実家を出たが「1人ぐらい出ても別になんてことなかったんだろうと思います」という。三人きょうだいの

長女だという女性は県外就職を決めたが、他県に就職している妹が「いずれ帰ってきたい」といっており、「弟が家を継ぐので、弟がいるから親も（県外に出ることを）多分許したと思います」という。

　弟が2人いる三人きょうだいの女性は、県外の一般企業に就職することを父親に反対されたが、「真ん中の弟」が工業高校を卒業して鉄道会社に就職することになり、父親の「私に対する期待」が「弟に向かって、もうそこからはいわれなくなりました」という。きょうだいのなかでは「女1人なので」、「住む場所とか、そういう離れちゃうっていうのには不安があるみたいで」という。親元を離れる人は、自分の選択を優先しつつも、それが必ずしも親の希望とは一致していないことを自覚している。

　一人っ子で県外就職する人は少ない。県内就職した人は、「私、一人っ子なので。多分、県外出るっていったら、（親は）若干パニックになったとは思います。やっぱり一人娘だといろいろあるので」という。別の一人っ子の人は「一人っ子は大きいです、かなり。自分で背負っちゃう、私が見なきゃとか」といい、「だから自分もきょうだいがいれば変わってたかもしれない。後よろしくみたいな。でも1人だから」と県内就職している。一人っ子で県外就職する人もいるが、その選択は親の意向に沿うものではないと認識され、就職という手段によって親に頼らず実行できることで可能となっていたり、県外に出るのは一時的なものであり「いずれ戻ってくる」と親を説得していたりした。

　彼女たちは、子どもたちの誰か一人は実家にいるか、親のそばにいるのが望ましいという価値観をもっており、きょうだいがいるかどうか、また親元にとどまるきょうだいがいるかどうかで、就業地選択の自由度が異なっている。

2）家族（親）の意向の内面化

①親から「しっかりしている」とみなされて「放任されて」いたこと

　4年生のグループインタビューでは、大学進学する彼女たちが親から「しっかりしている」とみなされて、親からは「放任されていた」ことが共有して語られていた。友人のなかには「大学決めるときも、県内じゃなきゃ駄目、国公立じゃなきゃ駄目とか」いわれていた人もいたが、自分たちは親が「放任だからこそ、

こっちが考えて。勝手に家庭のこととか」を考えて進学先を決めたという。成績の良くない弟妹には「めっちゃうちの親はいろいろいっていたから」といい、「しっかりしている子ほど、放任される傾向にあるかもしれません」という。そのように親から放任されるということは、自分自身で「しっかり」選ばなければ、という意識につながり、家族内の立場も考慮したうえでの大学進学先が選ばれていた。家族関係のなかで「しっかりする」ことを要求され、進路選択でも「こっちが考える」という自発性を引き出されている。

　就職先の選択についても、親は「基本無関心」で「好きにしなさい」という態度、あるいは聞いてくるけど「口出ししない」という関係である。しかし、親は自分を「大学に行かせた」と思っているため「大学に行かせた」ことを生かして就職してほしいと願っており、「公務員もいいんじゃないって感じでいってくる」などの比較的やわらかいメッセージを受けている。

②反発しつつ親の意向に沿う

　三人きょうだいの女性は、兄2人が実家を出ていることから、親に「ぶっちゃけどうしてほしい？」と聞いたという。親は「これからの自分の人生なんだし自分で決めていいよ」といっていたものの、彼女がもらった関東圏の内定は「いきなり否定され始めて」きたという。両親は「好きなとこ行ってもいいよって口でいうんですけど、実際家にいてほしい気がすごくて、一時期すごいけんかしてた」という。「本当に親とかは大好きなんですけど、そういうとこ縛り過ぎ」とフラストレーションをためていたが、県内の病院の内定をもらい「自分の人生で、一人暮らしせずに親のもとでずっと育ちましたっていうのももったいない気がした」ので一人暮らしができれば県内でもいい、と考えて結局は県内の病院に就職先を決定している。そうした自分の選択過程をふりかえると「他の人に比べれば、結構親の考えは強いられてる感は強かったんじゃないかな」という。

　一人っ子と同様に、きょうだいがいても親の意向を察し、反発しつつも結果的には自らの選択に親の意向を反映させようする傾向がみられる。

（3）女子学生が語るキャリア展望とその実現可能性

1）専門職を生かした「安定」したキャリアへの期待

　4年生のインタビューでは、30歳までに結婚して子どもをもちたいという「若いお母さん」への憧れ、専業主婦への憧れが共有して語られるが、交際相手や配偶者の収入、自分の奨学金返済などの現実を踏まえて、実現可能性の低い将来像として認識されている。結婚より仕事優先志向、両立・定着志向、両立・流動性担保志向などのバリエーションがあるものの、働きつづける前提のキャリア志向が語られている（廣森2021）。大卒であることや取得する国家資格、その後の専門職のキャリアは、先行きが不確実な社会のなかで、やりたい仕事を優先しながらも状況適応的な選択が可能となることを担保するものとして期待されている。

　調査対象者32人のうち5人は公務員就職しており、いずれも女性であった。おそらく、地方で最も安定した就職先の一つであり、親にも望まれる就職先が公務員である。公務員にも様々な採用形態があり、公務員をめざす人は早い時期から情報収集して自分が受ける採用試験をよく調べ、それにあった試験勉強や試験対策をしていくことが必要になる。おおよそ3年次から公務員試験勉強を始め、なかには予備校に通っていた人もいた[1]。公務員は「安定」や「しっかりした」就職先としてめざされるが、公務員試験のテキストをみて「難しくて無理」とあきらめた人も多い。

2）「安定」を望まない状況適応的な価値観

　公務員試験をめざし、公務員になっていく人もいる一方で、公務員就職者のいない4年生のグループインタビューでは、公務員をめざすことについて、「安定志向の人」と冷ややかにみている心情が吐露される。「なんか目的がなく公務員受けている気がしちゃって」、「何もしたいことがない人が行く場所っていうイメージ」、「介護とかが嫌だから」、「安定してるし」、「目的がない人が行くようなイメージがちょっとあるかな」といったことが同調して語られている。

　父親が高卒で公務員という人は、父親が「6時ぐらいには家を出て、職場行って、5時には帰ってくる」生活で「全然楽しそうじゃなくて」、「特に目的もなく給料もらって、ただ与えられた仕事をやってみたいな感じが、自分だったら絶対

に嫌だなって思っていて」幼いころから「公務員にはなりたくない」と考えていた。彼女は、「ある意味正反対的な職種」である関東の一般企業への就職を決定し、将来の状況適応的なキャリア選択を予期している。公務員になることを「男性だったらいいと思うんですよ。養う分には。でも自分は女だし、将来結婚したいし、結婚してからも職、つづけるのかなとか、いろいろ考えると、別に公務員とか、そういう安定いらない気がするし」という。

　公務員志望の同級生への冷ややかなまなざしは、福祉職のありかたや仕事に対する価値観の違いゆえでもある。一方で性別役割分業に適応的な価値観も共有されており、自分のこれからのライフイベントを予期して将来の「安定」よりも「今の自分」がしたい仕事を選ぶというキャリア選択が行われていた。

（4）福祉キャリアとケア役割のトレードオフ

　卒業生のキャリア展開をみていくと、順調にキャリア形成と家族形成を進めている人もいれば、キャリアの中断を余儀なくされている人もいる。特に過酷な勤務実態がある児童福祉分野に進んだ卒業生のケースをみてみよう。

　児童福祉を志し他県に公務員就職した人は、配属先の児童相談所（一時保護所）で夜勤がある過酷な勤務実態を経験し、「結婚とか妊娠とかって絶対無理だな」と考え、1年で離職し別の町村に転職していた。過酷な働きかたをみて、「自分には無理」だというマイナスの参照がなされている。現在（調査時）は産休中で町役場での業務は「やりがいはない」が、「できることなら仕事もバリバリってやりたいけど、…どっちも取るっていうのはできないですよね」という。

　また、調査時には子育て中で無職であった卒業生は、卒業時には「やりたい仕事」を優先して児童養護施設に就職し4年働いたのち、結婚を機に県内で地域移動せざるを得なかったため退職した。児童養護施設は就業時間が長く夜勤もあった[2]。退職した段階では「まず子どもを産んで落ち着いたら働きたい」と考えていたという。調査時は退職して4年目で0歳児と2歳児の育児中であり「子どもを産んでしまってからまた労働条件が厳しくなる」という。夫が介護職で夜勤があり、働くならば「日祝が絶対休みで、定時にではないですけど、8時から6時」の勤務時間が望ましいが、彼女の望む「子どもを相手にした仕事」ではなかなか

見つからない。2人目の子どもが1歳ぐらいになったら奨学金を返していくためにも「就職はしたい」と考えているが、就職活動を理由に保育園に預けられるのは3カ月だけであり「ある程度目星を付けてから（保育園に子どもを）入れて面接を受け」なければならない。彼女は、「母親が小学校ぐらいまでは専業主婦だったので、自分も専業主婦でそのくらいまで自分の子どもといたいな」と考えていたが、「やっぱり家計が、奨学金（の返済）があるので自分が働かないと厳しいかなというので今は働きたい」という。そして、資格を生かした仕事を望んでいるが、「労働条件とか就業時間とか考えると、ただの事務とか、事務仕事になってしまったり、なかなかこっちを取るとこっちも駄目で、というふうになってしまうので。欲張るとなかなか難しいですよね」という。

　彼女は初職では自分のしたい仕事内容で就職先を決めているが、再就職しようとする時点では「保育園に子どもを預けたとしても時間は限られてるので、勤務時間が多分一番重要になって」いる。就職のために重要視するものは学生時代から親の立場になり、ケア役割を引き受けることで変化している。

（5）小括

　地方における女性の大学進学をめぐる選択をみると、自分の置かれた社会環境のなかで、「経済的に楽な」「実家から通える」大学のなかから、「自分が入れる」「自分が入りたい」大学が選ばれる傾向があった。そうした条件でも大学の数が多い都市部では選択肢は相対的に多いだろうが、地方では自分が「選べる」大学は限られている。大学進学のため奨学金を借りていた人も多く、「将来への負債」として重くのしかかっている。家族（親）との関係性やきょうだいの有無は、彼女たちのキャリア選択に強い影響を及ぼしており、そうした環境によって「自分が選べる」と考える選択肢の幅（自由度）は異なっていた。

　就職後のキャリア展望は、状況適応的にならざるを得ないことは予期され、「安定」した公務員を志望し実現して就く人がいる一方、「安定」よりも「やりたい仕事」を選ぶ人もいる。「やりたい仕事」に就いた人も過酷な勤務実態からの離職を経験している。大学で学んだことや取得した資格を生かせる専門職の職場は、ケア役割を担う人にとって選択可能な雇用条件の整ったものになっていない。

過酷な勤務を要請する専門職の職場の構造的な問題はいまなお解決されず、経済的自立の手段のはずの専門職に就くことは、女性に重くのしかかるケア役割が厳然と残る地方社会において、かなり努力しなければ得られない、また努力しても得られるとは限らない自立の手段となってしまっている。

4．地方の女性研究者のキャリア選択における見えづらい不利

　前章では、地方の専門職養成大学の4年生、卒業生へのインタビューから専門職に就くことが地方で女性が経済的に自立する手段たりえているのかを検討した。本章では、地方在住の女性研究者について検討する。福祉専門職に就くためにも相応の努力や機会に恵まれなければ難しいものであるが、研究職に就くことにはまた別の困難がある。研究者に占める女性の割合は17.8％であり（総務省2022）、分野によってはより女性が少ない職場はまだ多くある。

　女性に限らず男性にとっても「研究者になる」ことは狭き門である。「大学院重点化政策」により大学院生の数は増加したものの、その就職先は準備されておらず、安定した職に就くことができず「高学歴ワーキングプア」となる人は多くいる（水月2007、2020）。一方で、女性の方が任期制で雇用されやすく、それを繰り返していることがうかがわれ（河野2018）、女性が貧困に追いやられやすい社会構造の中で「高学歴」によって女性は必ずしも社会的地位やポジションを得られていないことも指摘されている（大理ほか2014）が、その問題性や実態は見えにくい。

　以下で考察するインタビュー調査は、24人の不安定雇用の女性研究者（任期付き雇用の大学教員、非常勤講師等）を対象に2018〜2020年に行ったものである（JSA女性研究者技術者委員会調査チーム 2022）。調査対象者の居住地域は全国各地であるが、ここでは青森県も含む地方在住の女性の経験に注目する。彼女たちの不安定雇用という環境におかれているがゆえの困難性についてはすでに考察したが（廣森2020、2022）、以下では、置かれた環境や他者との関係性のなかでの自己決定性という観点から、地方の女性研究者の選択を検討する。

（1）地方出身者、地方大学の大学院出身者の不利

　前章で見たように、「実家」は重要な資源である。地方出身者は進学の段階で実家を出ている人が多く、実家を生活基盤にできない経済的不利がある。地方の研究者に限らず、研究者をめざす人はまだ職（ポスト）を得られていない博士課程在学時が「もっともつらかった」と語っている。その時期は、もっとも経済的に困窮し、年齢は20代後半から30代となり、友人たちが職業キャリアを形成し、家族形成しはじめていくのに比べて、「私はそういうこともなくて、経済的に食べていけるわけでもない」と感じ、キャリアの「つぶしがきかない」と焦り、経済状況をよくするためにバイトをするか奨学金を借りるかの選択を迫られ、バイトをすれば研究時間は減少し、奨学金は将来の借金を増やすことになる、という悩みを抱えている。そうした悩みを支え合う「仲間」がいればいくらかは和らぐが、地方の大学の少なさは「人（研究者、大学教員、院生、学生）」の少なさとなり、そうした「仲間」を得られず、「研究者になる」ための切磋琢磨や励ましが少なくなる。この段階で、焦燥感から「食べていく」選択をするために研究職のキャリアの“パイプラインから漏れ”ていく人もいるだろう。

（2）大学の数の少なさゆえの経済的自立の困難（地方大学の非常勤講師）

　地方の大学の少なさによる「機会の少なさ」は、経済的自立、研究活動の困難性をもたらす。東北地方の大学で非常勤講師をしている人は、担当コマ数が少なく「現在の賃金で一人で生活していくことは不可能」という。「月平均給与は10万くらい」だが、コマ数で支払われるため「月1万円〜19万円の幅で一定ではない」ため、「金銭面で学会へは参加しないようにしている」といい、「常勤教員に近いような金銭面での給与体系（授業時間による時給ではなく、毎月の一定した給与体系）」の保障をしてほしいと願っている。彼女は、離婚しており公立中学の正規教員を50代後半で退職して海外へ行き修士号を取得しており、非常勤講師の収入では生活費が不足するため「退職金をくずして生活」しているという。東北地方在住の彼女以外の非常勤講師は、いずれも別に家計維持者がいた。

　地方では、大学の数が少ないために非常勤講師専業として経済的に自立をすることは困難であり、研究活動にも限界が生じている。

（3）ためらいゆえに地域移動を選択できないこと

　研究職のポストは限られており、研究職としてのポストを得るために地域移動を余儀なくされることはよくある。首都圏で非常勤講師の収入や研究者としての所属先を得ている既婚で子どもがいる人は、現在の居住地で「子どもを通してのつながりのできた人間関係」があり、地域移動してそうした関係をつくりなおす負担を考えるとためらってしまうという。地域移動して得られたポストが任期付きだと、その地域に根づくことはできず、いずれ「また戻ってきてゼロからスタート」しなければならないことを予期すると、その選択をすることにためらいが生じる。非常勤講師だけでなく、地域で研究と関連づいたライフワークや通訳や専門職などの仕事をしている人は、そういった人とのつながりや人脈ができると、その地域からの移動を決断することは難しくなるという。

　人の生活は安定した職業による収入だけでなく、様々な「人とのつながり」により支えられている。そうした「人とのつながり」を築くには、その人に出会えるかという「運」や多大なコスト（時間、手間、お金）が生じる。そうした「つながり」の関係性のなかでは、それを手放さねばならない地域移動を伴う選択はためらってできないという自己決定をせざるを得なくなっている。

（4）家族生活にかかわる調整ごとをすべて引き受けること

　かつては夫や子どもを伴って海外に滞在したり長期の海外調査に行っていた人は、日常的に移動に伴う調整（子どもを連れていくか、預けるか等）は自分が引き受けなければならないという。子どもを連れて海外調査に行っていたときに子どもが「シクシク泣いてた事件」があり、子どもに我慢させてばかりであったことに気づき、「申し訳ないことをした」と感じて「ライフの面もちょっと考えるように」なったという。海外調査に子どもがついて来なくなったため、期間が短くなってしまうという。長期で調査に行くためには「家族からも全部（子どもを）連れていけといわれて」いるが、子ども本人は行きたがらない。子どもの自己決定を尊重すれば調査期間が短くなりできる調査は限られるが、「みんなにちょっとずつ我慢してもらって、私も我慢して、1週間で帰ってくる」という。研究活動することは常に互いの自己決定を尊重するための「我慢」の上に成立し

ており、なおかつそうした「我慢」の調整ごとを引き受けることを要請される立場（環境）に置かれつづけてしまう。

(5)「綱渡り」生活する人を支える「置かれた場所で咲きなさい」

　ある地方大学では、教員の4分の1が単身赴任者であり、その背景には子どもや親の生活環境の維持、パートナーを失業させるわけにはいかない、など多様な家族の事情がある。支援制度があっても、単身赴任者の育児や介護はシングルオペの「綱渡り」状態である。

　関東で要介護1の母親を夫に任せて東北に単身赴任している人は、そのこと自体の「ストレスが大きい」という。夫は非常勤講師専業として働きながら「事実上介護のシングルオペ」状態であり、母親の状態が「今より厳しい状態になれば無理、といわれている」という。現在の生活は「夫の善意に頼る、薄氷を踏むような綱渡り生活である」といい、彼女自身は「生活は節約し、なけなしの給料の大半を交通費に使うと決めていて、できる限りの日曜日を身の回りのことをしに帰っている」といい、不安定な遠距離介助生活をしている。母親の状態が悪化し、「日常は夫、私は日曜だけというこの態勢が破綻したら当地（東北）での仕事は難し」くなってしまうが、「それでも「行ってこい」といってくれた二人にこたえなきゃいけないという気持ちが強い」という。交通費がかかるため給料は「生活は賄える。だけどそれを超えない」といい、「それを含めて自分の選択だから良しとしなければと思う」という。彼女は、「まさに「置かれた場所で咲きなさい」と自分にいい聞かせる」という。「今私が得ているもの、これを生かさないでどうするの、と。得られていないものを嘆くことは何も生まないと思う」という。

　女性研究者のワークライフバランス問題は指摘されつづけてきているが（篠原2020）、いまなお解決しておらず、そのしんどさは不安定雇用ゆえに増幅し、しんどさを引き受ける人には身近な人の支えや励ましと自己陶冶が求められている。

(6) 様々なライフイベントの「タイミング」を考える心理的負担

1)「三冠を得る」ことの困難性といろんな人生をみること

　関西の「層の厚い」大学院の出身で「気がついたらもう30後半になっていた」という人は、「タイミングがあったらもうちょっと早いタイミングで出産したらよかったと思わないでもない」という。自分の周囲でそういったタイミングで「ポジションをどこでとるかがうまくいかなかった人が多かった」という。何を選択するかは「一般論にはできない。研究職は個々だから。自分の両親の介護のことだったり、自分の研究内容のことだったり、相手のパートナーとの関係もある」ということを踏まえつつ、「タイミングがあれば早く結婚して出産するに越したことはないのかなと思う」という。自分自身も「まだいろんなプロセスの途中」で、「目の前のことでいっぱいいっぱい」だという。しっかりした後輩は、「博論書きながら結婚準備もし、就活もして、三冠を得た」という。「三冠」とは、結婚、博士号、就職の三つを得ることであり、それは「計画と努力の賜物だった」という。一方で、「病気だったり年齢制限でできない先輩もいたり」して、「ほんとに十人十色で」いろんな人生を見てきたという。

2) ライフイベント選択と研究キャリアのトレードオフ

　近く結婚する予定だという人は、「研究スタイルが長期のフィールドワークを必要とするので、そうなると一人で子育ては無責任なことになってしまう」という。現在は一人暮らしで親元やパートナーと離れている状態であり、その状態での「子育てというのはやっぱり難しいだろう」と考え、そうなると「将来どうするか」を「やはり選択しなければいけない」という。「最悪、自分の研究分野は身さえあればできるものなので、ただ結婚や子育てはこのタイミングでしかない。別な人とだったらあるのかもしれないが」、「年齢的にはタイムリミットが来ているので、子育てするならすぐじゃないと無理かな」と考え、「研究自体をしたいのであればどこでもできる」と結婚を決めたという。「きちっと子育てした後で、もう一回研究キャリアに戻りたい、といったときに戻るのか」などについて、「結婚を決めるときに、どうしたいかで悩みはした」という。

　彼女は、「子どもができるかどうかは別として、できるなら子育てを経験して

みたいなというのはある」という。「先行きわからない」ために、「次の公募にトライするのに二の足を踏んでる感じ」であるという。「非正規でちょこちょこお給料をいただきながら、やりたいことを細々とやりつづける道があるのか。私も分からないのが正直なところ。出たとこ勝負。まず、今の任期をまっとうして、そこからまた拓けた道を歩こうかなと思ってる」といい、今後は、「アカデミックな所属先」ではなく、「地域交流でビジネス展開を含めた何か」をやっていく「博打うち」のような方向性を考えている。

　こうした悩みや決断は、「産む性」であることやケア役割を引き受けた上で研究職に就く難しさを前提としている。そのなかでライフイベントのタイミングや偶然による作用を予期することは、安定した研究職のポストを得る方向ではなく、研究キャリアを生かした活動への移行を促している。確かに「研究すること」は研究職に就かなくてもできる。研究職のポストを得ることによって経済的自立を図るのではなく、経済的自立は別な手段に依って研究をつづけるという選択は、かつての“活動専業・主婦”[3]に近いキャリア選択の姿といえるかもしれない。むろん、その選択は経済自立を他者に頼るものであり、それゆえに本人も「博打うち」の選択であると自覚している。

（7）顧みられないシングルのワークライフバランスと「産む性」であること

　ワークライフバランスは、しばしばケア役割を持つ人の「仕事と家庭の両立」の文脈で語られ、ケア役割を持たないとみなされるシングルの生活問題は等閑にされがちである。シングルの女性研究者のなかには、生活のすべてが仕事のために標準化されたライフスタイルを送っている人もいる。それを維持しつづける人もいるし、今後を思い悩む人もいる。

　研究者として「一人の時間、研究の時間がだいじ」であるという人は、任期付きではあっても職を得た「今が仕事のがんばり時で、論文いっぱい書きたいし。安定的な就職先を目標にするんだったら今がんばるしかない」と認識している。しかし、「ふと自分のプライベートな生活に目を向けてみると、そろそろ出産を考えると、そろそろ仕込んどかないといけない」という。「子どもはほしい」と望みつつ、卵子凍結や養子制度を利用することもハードルが高く、「そう考える

と、結婚はしなくても出産のタイミング」について、「パートナーがいるにしてもいないにしても」考えるという。

　子育てや介護といった具体的なケア役割を負う場合には、その大変さや困難が切迫しており察せられやすいが、「シングルで子どもがいない状態の悶々というか、モヤモヤみたいなこと」は顧みられづらい。日本に「子育てには経済的には負担はないよという安心さえあれば、まだハードルは下がる」というが、残念ながら現実はそうではないために、悩みは深くなる。

　関東から地方へ移動したシングルの人は、将来の親の「介護のことを考えると親の近くにいたほうがいい」ことや、関東にパートナーがいるため関東に戻りたいと思っている。現在の職場では雇用形態にかかわらず産休育休制度がととのっているため、できれば「今のポストにいる間に1人子どもがほしかった」が、「パートナーが民間企業で長時間労働で体を壊し」てしまい、「うまくタイミングがなかった」という。大学の男女共同参画室で育児支援の仕事をし、「いろんなケースを見てきているので、職場に遠慮してたら永遠に産めないっていうことも分かってる」が、「次のポストが1年更新のポストだったりしたらそこは躊躇するだろう」という。

　産む／産まない、結婚する／しないの選択は自分一人の意思だけではできない選択であり、それをめぐる多様な葛藤があるが、そのことは「個別なこと」として実はあまり共有されていないのではないか。結婚したいと思わない人もいるし、子どもを積極的にはつくりたいと考えていない人もいる。「三冠を得る」ことが望ましい姿、めざすべき姿とは限らない。いわゆる「成功モデル」だけではない多様な「十人十色」のロールモデルが示され、自分の選択を照らし合わせられるように、いろいろな選択肢があることが肯定的にとらえられるようにならねばならないだろう。自分にとってどのような選択肢がありうるのかを知らないままに、あるいは知っていてもどれかを「選択しなければならない」というトレードオフが求められつづける環境は、結局はそれを「選択できない」ことにつながっている。

(8) 小括

　地方の不安定雇用の女性研究者は、研究職としての就職機会の少なさから経済的自立や地域移動の困難、多様なキャリア選択の不利を経験している。研究キャリアを選択するために様々なことを考慮しなければならないが、そうした事情は見えづらい。様々なライフイベントのタイミングを考え逡巡することは、それを選択することが容易ではなく、「生物学的なリミット」からも自由ではないからである。選択のタイミングを考えざるをえないことは、置かれた環境のなかで自己決定させられることであり、〈自発的〉にあきらめが引き出されることもある。研究職は、そうした生活のうえにつくられる研究業績を基準に評価されるが、研究活動への様々な制約からの不自由度は評価に考慮されてこなかった。そこにもまた、こうした状況の見えづらさの要因があろう。もし「置かれた場所で咲く」ことを良しとするならば、「置かれた場所」がどのような場所であるのかと、そこで「咲いて」いるものとの両方を評価しなくてはならないだろう。

5. おわりに

　本稿では、地方の女性のキャリア選択の自己決定性にかかわる語りから、彼女たちが他者との関係性や環境のなかでどのように選択をしようとしていたのかを考察した。

　地方で専門職養成大学を経て職に就くことは、若者にとって経済的に自立する手段として機能していたが、その選択の過程の語りからは、彼女たちの選択は家族との関係や自分が置かれた環境のなかで折り合ったものであること、いまだに女性にとってケア役割か仕事かがトレードオフとなり、自分のキャリアを生かした職を望むことは「欲張り」になってしまっている現状があった。性別役割分業を前提とする社会構造が女性の経済的自立を困難にしている社会における、ケア役割を〈自発的〉に引き受けざるを得ないキャリア選択の姿であったといえよう。

　地方の不安定雇用の女性研究者は、地方における大学の少なさによる様々な不利の経験、地域移動のしにくさ、ケア役割やそれに伴う様々な調整を引き受けること、「綱渡り」の生活を余儀なくされることや、それを自分に納得させるしん

どさ、研究キャリアとライフイベントのタイミングをめぐる逡巡などを経験し、自らが置かれた環境のなかで制約のある自己決定をさせられていた。こうした彼女たちの選択は、実際には他者との関係や環境の中で折り合って選択したものであるのに、選択の結果だけに目を向けられることが多く、折り合わざるを得ない葛藤や「モヤモヤ」は捨象されがちである。こうした女性に不自由さをもたらすしくみは見えづらく、本人も自覚しにくいものであった。こうした事情をみてくると、ケア役割を期待されることや「産む性」であることは女性の選択肢を狭めており、制度上においても私的な関係性においてもいまだに自己決定のジェンダー非対称性が維持され、女性の自立は阻まれているといえよう。

　本稿で考察したことは、多くの女性のキャリア選択の断片にすぎない。ただ、その断片にも女性の選択がケア役割を引き受ける〈自発性〉を引き出されるしくみの共通性がみられた。女子学生は自らの将来を予期しながら「やりたい仕事」を優先して就職していくが、親の立場になった人はケア役割と両立できる仕事への移行を余儀なくされ、立場が変われば自己決定で優先されるものは変わり、自分が「やりたい仕事」をあきらめざるを得なくなっていく。彼女たちのキャリア選択にまつわる語りは、日本社会のジェンダー構造から生じる制約を個人が引き受けている状況が継続していることを示していたともいえよう。自立をめぐる多様な選択肢があり、そのどれもが尊重される社会はまだ実現できておらず、女性にとって自立の手段は今なお「したいことができる」選択肢として提供されているとはいいがたいままである。

〔注〕

1　　彼女は大学所在地の市内出身者で、予備校に通えたのは実家から大学に通っていたから可能だったという。また、「みんなが公務員試験をめざす環境」下に自分を置き、試験勉強をする必要があったという。

2　　この児童養護施設での夜勤は、「本来は午後3時から翌朝10時まで」だが、実際には「午前中から行って、お昼休んで時間休とって夜勤をして、10時までなんで終わってるんですけど、時間休を取って夕方また勤務に入る」というような「住んでる感じ」であった。「親と暮らせない子が暮らしてるっていう生活の場を支えたい」という思いで「時間で来て時間で帰るような所ではなくて、その子の生活そのものを見たいなっていうのがあった」という。これに対して、病院の相談職（医療ソーシャルワーカー）などは日勤である

ために学生の志望として好まれることも多い。

3　『岩波女性学事典』(国広陽子)によれば、"活動専業・主婦"とは、職業を持たず、環境保護運動、消費者運動、政治参加などの地域活動を活発に行う既婚女性のことである。家事・育児優先ではなく活動に専念するためにこの名称が用いられた。

〔文献〕

阿部誠（2021）『地方で暮らせる雇用―地方圏の若者のキャリアを考える』旬報社

青森県（2021）「第11次青森県職業能力開発計画」資料編

青森県企画政策部（2022）『よくわかる青森県2022』

青森県企画政策部統計分析課（2022）「令和2年国勢調査 青森県の就業状態等基本集計結果の概要」

青森県教育委員会（2021a）「高等学校等卒業者の進路状況―令和3年5月1日現在―」

青森県教育委員会（2021b）「学校一覧―令和3年度―」

青森県青少年・男女共同参画課（2021）「令和2年青森県男女共同参画に関する意識調査」

青森県統計分析課（2023）「令和4年 青森県の人口」について（概要）」

Blickenstaff, Jacob Clark（2005）"Women and Science Careers: Leaky Pipeline or Gender Filter?" Gender and Education、17（4）、369–386.

江原由美子（2015）「見えにくい女性の貧困―非正規問題とジェンダー」『下層化する女性たち―労働と家庭からの排除と貧困』(小杉礼子・宮本みち子編著) 勁草書房

廣森直子（2018a）「地方の若者の地域移動・定着とキャリア選択に関する探索的研究 ―福祉系大学生へのインタビューからみる就業地の選択―」『青森県立保健大学雑誌』18、43-51

廣森直子（2018b）「地方の福祉系学生・卒業生の主体的なキャリア継続意識に影響をおよぼすもの」『地域ケアリング』20（4）、72-74

廣森直子（2020）「非正規専門職女性の困難―図書館司書と研究者」『日本の科学者』55（1）、26-31

廣森直子（2021）「専門職養成は属性を超えて若者のキャリア選択に影響を及ぼすか―地方の福祉系大学生・卒業生へのインタビューから―」『青森保健医療福祉研究』3（2）、41-52

廣森直子（2022）「地方大学の不安定雇用の女性研究者の困難」『日本の科学者』57（4）、31-38

廣森直子（2023）「地方における高等教育機会と専門職養成大学進学者のキャリア志向―青森県の福祉系大学生・卒業生へのインタビューから―」『大阪信愛学院大学紀要』1、19-30

廣森直子、宋美蘭、上山浩次郎、上原慎一（2022）「青森県における高卒後の進路状況に関する研究―地域間格差、ジェンダー差に着目して」『北海道大学大学院教育学研究院紀要』140、337-351

朴澤泰男（2016）『高等教育機会の地域格差―地方における高校生の大学進学行動』東信堂

井上輝子ほか編（2002）『岩波　女性学事典』岩波書店

JSA女性研究者技術者委員会調査チーム（2022）「『不安定雇用の立場の女性研究者の実情に関

する質的調査」の方法および結果の概要」『日本の科学者』57（4）、12-16

小杉礼子・宮本みち子編著（2015）『下層化する女性たち―労働と家庭からの排除と貧困』勁草書房

河野銀子（2018）「女性研究者はどこにいるのか」『学術の動向』23（11）、58-62

熊沢誠（2007）『格差社会ニッポンで働くということ』岩波書店

水月昭道（2007）『高学歴ワーキングプア―「フリーター生産工場」としての大学院』光文社

水月昭道（2020）『「高学歴ワーキングプア」からの脱出』光文社

宮本みち子（2004）『ポスト青年期の親子戦略―大人になる意味と形の変容』勁草書房

中島ゆり（2019）「都市と地方の若者の自立観と依存― JELSインタビュー調査から」『平等の教育社会学―現代教育の診断と処方箋』（耳塚寛明、中西祐子、上田智子編著）勁草書房

大理奈穂子ほか（2014）『高学歴女子の貧困―女子は学歴で「幸せ」になれるのか』光文社

斎藤嘉孝（2019）「きょうだい出生順と地域移動の希望」『大学生の内定獲得―就活支援・家族・きょうだい・地元をめぐって―』（梅崎修、田澤実編著）法政大学出版局

篠原さやか（2020）「女性研究者のキャリア形成とワーク・ライフ・バランス」『日本労働研究雑誌』722、4-17

総務省（2022）『2022年（令和4年）科学技術研究調査結果』

多賀太（2005）「ポスト青年期とジェンダー」『教育社会学研究』76、59-75

髙橋幸（2020）『フェミニズムはもういらない、と彼女はいうけれど―ポストフェミニズムと「女らしさ」のゆくえ』晃洋書房

トランスローカリティ研究会（代表：羽渕一代）（2018）『公益財団法人マツダ財団寄付研究「青森20-30代住民意識調査」報告書』

上間陽子、乾彰夫（2017）「若者たちの離家と家族形成」『危機の中の若者たち―教育とキャリアに関する5年間の追跡調査』（乾彰夫、本田由紀、中村高康編）東京大学出版会

—— 日本労働社会学会年報第34号〔2023年〕——

地方における若者の「普通の暮らし」を考える
——最低生計費調査が示唆すること——

中澤　秀一

（静岡県立大学短期大学部）

1. はじめに——遠ざかる「普通の暮らし」

　日本は30年近くにわたって賃金が低迷している[1]。その30年間にわれわれの生活だけでなく、それにまつわる価値観にも変化が生じた。もちろん、それらのなかにはITなどの技術革新に起因するものもあるだろう。ここで注目したいのは、賃金の低迷による「普通の暮らし」の変化である。

　詳細は後述するが、筆者は全国27都道府県において最低生計費試算調査の監修を担当しており、各地で調査結果を公表している。埼玉県で調査結果を公表した際に、「埼玉で人並みの生活、月収50万円必要」という見出しの記事が2017年4月17日付『朝日新聞』（デジタル版）に掲載された。埼玉県さいたま市内で暮らす4人家族（30歳代夫婦＋小学生＋幼稚園児）が人並みの生活をするためには、月額約50万円が必要なことが調査から明らかになった、という内容である。この見出しは、「人並みの生活とは贅沢な生活ではないはず。それにもかかわらず、月に50万円もかかるのか」という意外性を強調する意図があったと思われる。そして、このニュースはインターネットでバズる。各サイトの書き込み欄には「この数字は高過ぎないか、本当なのか」「そんなに必要ない、もっと切り詰めて生活することは可能」といった調査結果に対する疑問や、「結婚して子どもを2人持って、大学進学まで考えたら妥当な数字ではないか」という賛同、さらに「人並みと言うが、こんな水準の暮らしは自分にはとても望めない」といった悲観論もみられた。

　さて、さまざまなネット上の反響のなかで、筆者の関心を引いたのが、「野原

ひろしエリート説」である。野原ひろしとは、漫画・アニメ番組『クレヨンしん
ちゃん』の主人公の父親である。調査のモデル世帯と同様に、埼玉県内にマイ
ホームを持ち、自家用車を所有し、子ども2人を育てるためには、記事にあるよ
うに月50万円かかるのだとしたら、30代の野原ひろしはエリート社員ではない
か、というのが「野原ひろしエリート説」の由来である。おそらく、ほとんどの
「クレヨンしんちゃん」の読者（視聴者）は、野原家をエリート一家とは思って
はいないだろう。ところが、原作が描かれた当時（1990年代）は、野原家の暮
らしは「人並み」「普通」であったのだ。しかし、それ以降賃金は低迷し続け、
状況が一変した。90年代における「普通の暮らし」は、現在の中下層の労働者
にとってハードルが上がってしまったのだ[2]。したがって、「月50万円は高すぎ
る」という感覚が生まれたのだろう。

　統計にも家族形成がかつてのように当たり前でなくなっている現実が表れてい
る。図1は、国勢調査のデータから40歳代男性の子育てを軸にみた世帯上の位
置を示したものである。1990年代は、7割の男性が「結婚して子どもがいる」世
帯に属していた。その後、そのような男性の割合は減少を続け、5割にまで落ち
込んだ。いっぽうで、単身者や親と同居する割合が増え続けている。現在の若年
世代にとって、家族形成は親世代のように当たり前のことではなくなっている。
このことの背景には何があるのか。さまざまな要因が関与しているだろうが、賃
金の下落や非正規雇用の増大など、賃金・雇用のセーフティーネットが機能して
いないことが主要な要因として考えられる。本稿では、そのセーフティーネット
の一つとして重要な役割を果たす最低賃金制度が、重大な問題を抱えており、と
りわけ地方に負の影響を及ぼしていることについて、筆者がこれまで監修を担当
した最低生計費試算調査の結果に基づいて実証する。そのうえで地方の若者に
とって（都市の若者にとっても）あるべき最低賃金制度について考察してみたい。

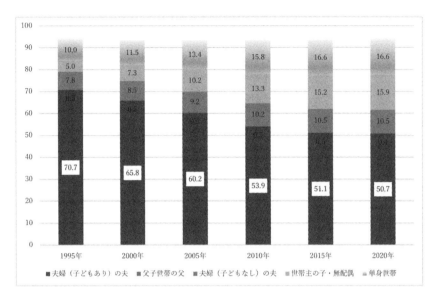

図1　40歳代男性の子育てを軸にみた世帯上の位置の推移
（資料）総務省統計局「令和2年国勢調査 人口等基本集計」より後藤道夫都留文科大学名誉教授作成。

2．マーケット・バスケット方式による最低生計費調査と「普通の暮らし」

（1）調査の概要

　本稿の論考のベースとなっているのは、全国労働組合総連合（全労連）やその地域労連が中心となって実施している最低生計費試算調査（以下、生計費調査）である。生計費調査は、金澤誠一の監修のもとで2006年実施の京都調査を皮切りに、その後「首都圏最低生計費試算調査」（2008年実施）、「東北地方最低生計費試算調査」（2009年実施）、「愛知県最低生計費試算調査」（2010年実施）等、各地で実施されている。筆者はこれらの調査で用いられた試算方法を参考にして、2015年から2022年にかけて全国27都道府県で行われた生計費調査の監修を担当した。

　生計費調査では、マーケット・バスケット方式を算定方法として採用している。

これは、生活に必要な物資の品目を個別的に積み上げて生計費を算定する方法であり、健康で文化的な生活を営むために必要な生活用品やサービスの量を、たとえば自炊の費用＝〇円、〇㎡の賃貸物件の家賃＝〇円、ジャケット〇着＝〇円、理容費＝〇円等、1ヵ月当たりの金額を個々に積み上げることを基本としている。かつて、B.S.ラウントリーが英国で貧困調査を実施した際に、最低生活費を算定する方法として考案したもので、その後わが国の生活保護における生活扶助基準を改定する際にも用いられた（1948〜1960年）。この算定方法の最大の長所は、そこで想定される生活の内容が具体的でわかりやすい点である。その一方で、「食費についてはカロリー計算や必要栄養を満たすような栄養学による一定の指標が存在するが、それ以外の費目については、具体的な指標が存在しない」という欠点がある。金澤は、この欠点を克服するために、生活パターンを知るための「生活実態調査」、世帯が所有する持ち物の種類や数を調べるための「持ち物財調査（持ち物に関する調査）」、回答者がどこで何を購入しているのかを把握したうえで店舗に赴き市場価格を調べる「価格調査」、以上の三つの調査を実施して、これらの調査から得られたデータを最低生計費試算の指標として用いている[3]。

表1　最低生計費試算調査のサンプル数および回収率

調査地域	サンプル数	回収率	実施年
新潟県調査	715（74）	24%	2015年
静岡県調査	1670（195）	42%	2015年
愛知県調査	999（217）	25%	2015年
北海道調査	1217（201）	30%	2016年
東北地方調査	1840（270）	31%	2016年
埼玉県調査	597（41）	20%	2016年
福岡県調査	3000（267）	20%	2017年
山口県調査	2029（167）	20%	2018年
京都府調査	4745（412）	11%	2018年
鹿児島県調査	1621（158）	32%	2018年
長崎県調査	1478（141）	30%	2019年
佐賀県調査	805（111）	31%	2019年
東京都調査	3487（411）	27%	2019年
岡山県調査	3675（265）	18%	2020年
長野県調査	3686（748）	36%	2020年
沖縄県調査	962（84）	24%	2020年
茨城県調査	1355（190）	17%	2020年
大分県調査	1483（109）	33%	2021年
大阪府調査	9501（634）	19%	2021年
兵庫県調査	750（112）	10%	2021年
高知県調査	1000（94）	25%	2022年
岐阜県調査	1046（38）	33%	2022年

（資料）筆者作成。
（注1）括弧内は若年単身世帯（＝「20歳未満」「20歳代」「30歳代」で「単身」）の数。
（注2）東北地方調査（2016年）に関しては、東北地方6県が合同で実施している。

　表1は、これまでに27都道府県で実施された調査において集めたデータのサンプル数および回収率である。集めたデータの総数は約47,600ケースであり、そのうち若年単身世帯は約5,000ケースである。

(2)「普通の暮らし」とは

　全労連やその地域組織が生計費調査を実施した目的は、最低賃金額の引き上げの根拠、春闘の賃金討議の素材（特に各年代で具体的にどのくらい生活費が必要なのかを明らかにする）、賃金と社会保障の組み合わせのあり方等を示すことであるが、もう少し広い観点から述べれば、われわれが人間らしい「普通の暮らし」を送るためには、どれくらいの費用がかかるのかを表出させることである。かつての「人並みの生活」「普通の暮らし」がますます遠のいている現状で、どうすれば「あるべき」生活を取り戻せるのか、その手だてを考えるための前提となる数字を示せるところに、生計費調査の意義がある。しかしながら、「あるべき」をどこに定めるのかは容易なことではない。ライフスタイルや価値観が多様化するなかで、何を「あるべき」として定めるためには、世間一般に対してある程度の説得力を持たせなければならない。したがって、生計費を試算する際には現実の生活実態から大きく乖離しないよう、いくつかの配慮を行っている。

　その配慮の一つめが、「原則7割以上保有の品目＝必需品」として生計費に組み入れたことである。保有率が7割以上の品目は所得弾力性や支出弾力性が小さく、必需品としてみなすことができると考えるからである。ちなみに、生活保護でも普及率7割は被保護世帯に保有を認めるか否かの目安となっている[4]。

　二つめの配慮が、「消費数量（消費額）＝下から3割の人が保有する数（額）」である。価格調査の実施だけでは生計費は試算できない。世帯類型ごとに消費する数量や金額、回数を定めなければならない。「下から3割」を算定基準とした理由は、相対的貧困率が等価可処分所得の中央値の半分を貧困線としており、「下から3割」がそれに近似すると考えたからである。また、これまでの調査で所有数や金額の分布をみると、正規分布に従うのではなく、いくつかの"塊"が観察された。そのなかで下のほうの"塊"が「下から3割」付近にあることが経験的に多く観察されたことも、算定基準に定めた理由である。

　さらに、現実の生活実態から大きく乖離させないで「あるべき」生活を探るために実施したのが、「合意形成会議」である。これは、監修者の主観のみで試算の際必要な決定が行われないよう、"土地勘"や"肌感覚"のある市民の視点を採り入れるために行う合議である。「合意形成会議」には10〜20名程度の当事者が参加している（たとえば、若年単身世帯の生計費を検討するのであれば、20代や30代で一人暮らしをしている者であるし、30代子育て世帯であれば、30代で子育てをしている親である）である。この会議では、以下のような事項を合議のうえで決定している。まずは、（何市の）どの地域に住んでいるのか、世帯の年収などの事項である。そのうえで、先述の「生活実態調査」および「持ち物財調査」のデータを提示して、どんな生活パターンなのか（「昼食はどこで何を食べ、その費用はいくらか」、「日帰りの旅行は年に何回行き、その費用はいくらか」、「忘新年会や歓送迎会に年に何回参加し、その費用はいくらか」等）、持ち物は何をどれだけ所有するか等を事細かに決めていく。筆者は、監修者として客観的なデータを提供するが、どのようなライフスタイルを選択するかは基本的に当事者に委ねている。このような「合意形成会議」により、客観性が担保されて試算結果に説得力がもたらされている。

　これらのような配慮をふまえて算定した最低生計費で実現される「普通の暮らし」とは、「あるべき」理想ではあるが、少なくとも現実から大きくかけ離れた水準とはなっていない。つまり、リアル（＝実態生計費）を、「あるべき」もの（＝理論生計費）に融合させているのである。どのような暮らしの内容なのか。高知県調査（2022年）と大阪府調査（2021年）について、それぞれ若年単身世帯の最低生計費試算で想定した暮らしを紹介してみたい。なお、25歳単身で大卒、勤続3年目、25㎡の賃貸物件に居住は、共通の設定である。

1）高知県における若者の「普通の暮らし」

・高知市高須地区の25㎡1Kのワンルームマンションに住み、家賃は33,000円（2階、エアコン付き。家賃とは別に駐車場代が3,000円／月）。中古の軽自動車（65万円）を所有し、通勤や買い物、レジャーに使用。自動車関連費は月額約29,000円。

・冷蔵庫、炊飯器、洗濯機、掃除機などは、市内の家電量販店にて最低価格帯で買い揃える。
・1か月の食費は、男性＝約45,000円、女性＝約37,000円。昼食は家で食べるか弁当持参の日が多い。月に3回、同僚や友人と飲み会・会食行っている（1回当たりの費用＝3,000円）。
・男性は1年間に背広（42,900円）を2着、女性は1年間にジャケット（7,150円）を2着、それぞれ購入し4年間着回す。
・週に1回は日帰り行楽に行くほか（1回あたり3,000円）、月に2回、恋人や友人たちと郊外のショッピングモールに行って、映画・ショッピングを楽しむ（1回2,000円で月に4,000円）。1泊以上の旅行は年に2回で、その費用は年間6万円。

2）大阪府における若者の「普通の暮らし」

・大阪市東淀川区の25㎡の1Kのワンルームマンション・アパートに住み、家賃は管理料込みで48,000円（2階、エアコン付き）。通勤には公共交通機関を使い、月の交通費は約7,000円。
・冷蔵庫、炊飯器、洗濯機、掃除機などは、市内の家電量販店にて最低価格帯で買い揃える。
・1か月の食費は、男性＝約44,000円、女性＝約35,000円。朝晩は家でしっかりと食べ、昼食についてはコンビニなどでお弁当を購入（1食あたり500円）。そのほか、月に2回、同僚や友人と飲み会・会食行っている（1回当たりの費用＝3,800円で、女性はこれにランチが1回追加される）。
・男性は1年間に背広（42,900円）を2着、女性は1年間にジャケット（9,350円）を2着、それぞれ購入し4年間着回す。
・休日は家で休養していることが多い。1泊以上の旅行は年に2回で、その費用は年間7万円。月に4回は、恋人や友人たちと歓楽街に行って、映画・ショッピングを楽しんでいる（1回2,000円で月に8,000円）。

　自家用車を所有するか否かの違いはあるが、両調査ともに「普通の暮らし」と

は、質素ながらも人間らしいと呼べるような水準である。最低生計費の具体的な試算額は次章以降で触れることとし、ここでは「普通の暮らし」とは何かについて確認しておこう。想定した「普通の暮らし」には、バランスの取れた健康的な食事、人前でも恥ずかしくない程度の身なり、最低限の居住面積などの衣食住はもちろんのこと、余暇や娯楽などの文化的活動、冠婚葬祭や自治会などの人づきあいなども含まれている。なぜなら、行楽や旅行などの経験、読書、映画・音楽鑑賞、スポーツなどの趣味は生活を豊かにし、人間関係は自己肯定感や行動の意欲を育むからである。労働運動は「1日8時間働けば普通に暮らせる社会」と、これまでも要求に掲げてきた「普通の暮らし」とは何かを改めて知るために、人間らしく生きるためのニーズを一つひとつ積み上げて、絶対的な水準を計測したことに生計費調査の意義がある。

　さて、先に述べたように生計費調査を実施した目的の一つに、最低賃金の引き上げの根拠を得ることがあるが、現行の最低賃金制度の問題点については、かねてより多くの点が指摘されてきた。次章以降では、現行の制度がどれほどに特に地方に重大な影響をもたらしているかを、生計費調査の結果から実証する。具体的には、最低賃金の水準が低すぎるゆえに貧困を生み出している問題と、最低賃金が都道府県別に定められているがゆえに地域間格差を生み出している問題の大きく2点に絞って論及する。

3．最低賃金制度の問題点①──貧困を生み出す最賃

(1) 若年単身世帯の最低生計費

　最低賃金額では、憲法25条で謳っているような健康で文化的な最低限度の生活を実現することはできず、働いていても貧困に陥ってしまう。全国加重平均額961円×160時間＝153,760円、153,760円×12か月＝1,845,120円。この額面の金額で、年収200万円を下回る。さらに、ここから税・社会保険料が引かれると、最低賃金で普通に暮らすのは難しいことは明らかである。では、最低賃金はどれくらいの水準が望ましいのか。

　表2～4は、筆者が監修した生計費調査の若年単身世帯の結果一覧である。若

者が普通に一人暮らしをするためには最低限いくら費用が必要になるのかが示されている。まず注目すべきは、必要最低賃金額A（下から三段目）である。これは、税・社会保険料込みの最低生計費を中央最賃審議会が用いている月173.8労働時間で換算した場合の時間額である。1,400円から1,500円に達している。地域ごとの最低賃金額（表最下段）はもちろんのこと、最低賃金の全国加重平均額＝961円（2022年10月時点）がいかに低い水準であるかが分かる。さらに注意を要するのは、173.8時間での換算は、法定労働時間（年間）上限である約2085時間を想定しており、盆正月もゴールデンウイークもない、健康でも文化的でもない働き方である点だ。したがって、労働時間はワークライフバランスに配慮した時間で換算すべきである。かつて政府が目標に掲げていた年間1800労働時間（1日8時間労働で週休二日制＋所定休日＋年次有給休暇の完全取得）に相当する月150時間労働で換算したのが必要最低賃金額Bである（各表下から2段目）。人間らしい労働時間を加味すると、必要最低賃金額は1,600円から1,700円レベルに達する[5]。これは、労働運動が目標に掲げ、近年野党が選挙公約に掲げるようになっている「最低賃金1,500円」の根拠の一つとなる数字である[6]。

表2　最低生計費試算調査結果総括表（若年単身世帯）その①

都道府県名	北海道		青森県	秋田県	岩手県	山形県	宮城県	福島県	茨城県		埼玉県	東京都		新潟県
自治体名	札幌市		青森市	秋田市	盛岡市	山形市	仙台市	福島市	水戸市		さいたま市	北区		新潟市
性別	男性	女性	男性	男性	男性	男性	男性	男性	男性	女性	男性	男性	女性	男性
最賃ランク	C	C	D	D	D	D	D	D	B	B	B	A	A	B
消費支出	163,805	159,471	162,589	163,216	173,997	166,317	167,016	167,952	179,910	178,147	173,524	179,804	176,824	177,018
食費	39,991	32,310	39,977	40,133	40,083	40,032	40,017	40,703	41,967	32,985	38,610	44,361	35,858	39,597
住居費	32,000	32,000	26,000	29,000	35,000	30,000	30,000	30,000	36,458	36,458	52,500	57,292	57,292	38,000
水道・光熱	10,206	9,933	8,076	8,260	9,024	8,695	8,686	8,715	7,546	7,356	6,867	6,955	6,780	11,064
家具・家事用品	4,071	4,398	3,663	3,479	4,216	3,905	3,821	3,509	3,265	3,222	4,781	2,540	2,703	3,765
被服・履物	5,828	4,431	6,514	6,626	6,501	5,628	7,095	6,225	8,440	6,719	6,906	6,806	5,302	6,951
保健医療	4,558	3,274	2,596	2,596	2,596	2,596	2,596	2,596	1,002	2,866	3,366	1,009	2,885	4,188
交通・通信	16,660	17,438	38,342	35,710	39,697	37,634	38,342	37,028	29,990	32,481	12,075	12,075	12,075	40,335
教養・娯楽	30,068	30,068	17,950	18,093	17,533	17,057	17,126	17,726	28,534	28,630	20,225	25,577	25,613	14,970
その他	20,423	25,619	19,419	19,319	19,347	20,770	19,333	19,450	22,708	27,430	20,634	23,189	28,316	18,148
非消費支出	44,878	44,878	37,294	37,428	37,367	37,367	37,375	37,320	55,177	55,177	51,055	51,938	51,938	47,287
予備費	16,300	15,900	16,200	16,300	17,300	16,600	16,700	16,700	17,900	17,800	17,300	17,900	17,600	17,700
最低生計費（月額）税抜	180,105	175,371	178,789	179,516	191,297	182,917	183,716	184,652	197,810	195,947	190,824	197,704	194,424	194,718
税込	224,983	220,249	216,083	216,944	228,664	220,284	221,091	221,972	252,987	251,124	241,879	249,642	246,362	242,005
年額（税込）	2,699,796	2,642,988	2,592,996	2,603,328	2,743,968	2,643,408	2,653,092	2,663,664	3,035,844	3,013,488	2,902,548	2,995,704	2,956,344	2,904,060
必要最低賃金額A（173.8時間換算）	1,294	1,267	1,243	1,248	1,316	1,267	1,272	1,277	1,456	1,445	1,392	1,437	1,418	1,392
必要最低賃金額B（150時間換算）	1,500	1,468	1,441	1,446	1,524	1,469	1,474	1,480	1,687	1,674	1,613	1,664	1,642	1,613
最低賃金額（22年10月〜）	920		853	853	854	854	883	858	911		987	1,072		890

（資料）筆者作成。
（注1）25歳単身・賃貸ワンルームマンション・アパート（25㎡）に居住という条件で試算。
（注2）その他には理美容品費、理美容サービス費、身の回り用品費、交際費、自由裁量費（1ヶ月6,000円）を含む。
（注3）非消費支出＝所得税＋住民税＋社会保険料

表3　最低生計費試算調査結果総括表（若年単身世帯）その②

都道府県名	長野県		静岡県		岐阜県		愛知県		京都府		大阪府		兵庫県		岡山県	
自治体名	長野市		静岡市		岐阜市		名古屋市		京都市		大阪市		神戸市		岡山市	
性別	男性	女性	男性	女性	男性	女性	男性	女性	男性	女性	男性	女性	男性	女性	男性	女性
最賃ランク	B		B		C		A		B		A		B		C	
消費支出	183,113	184,772	181,897	180,960	176,737	177,656	163,083	163,213	178,390	175,640	173,494	170,953	175,940	169,919	180,404	186,105
食費	41,323	32,926	40,253	34,240	44,872	37,640	38,457	31,711	44,441	35,347	43,727	35,097	44,206	35,866	40,333	33,993
住居費	40,625	40,625	38,000	38,000	38,000	38,000	45,000	45,000	41,667	41,667	45,000	45,000	46,000	46,000	35,417	35,417
水道・光熱	7,298	7,114	7,559	6,594	7,874	8,690	7,510	6,551	7,419	8,434	5,091	6,609	7,301	6,841	7,273	11,491
家具・家事用品	4,342	4,937	3,883	4,124	3,058	3,109	3,480	3,600	3,836	3,922	3,780	3,693	3,972	4,477	4,032	4,297
被服・履物	7,522	7,406	7,521	4,296	7,748	5,752	8,426	8,406	5,921	4,247	8,756	8,249	5,594	4,308	6,575	7,701
保健医療	1,026	2,934	3,255	4,516	1,501	4,591	2,186	5,016	1,137	2,733	4,107	6,513	2,106	2,163	1,094	2,352
交通・通信	29,359	31,799	43,356	43,167	34,993	32,953	19,062	18,872	18,612	18,612	13,469	12,567	17,702	16,431	33,384	33,384
教養・娯楽	26,393	26,393	18,408	22,034	20,390	20,680	17,745	17,764	27,510	27,531	25,553	25,604	29,512	29,558	25,454	25,547
その他	25,225	30,638	19,662	23,989	18,301	26,241	21,217	26,293	27,847	33,147	24,011	27,621	19,547	24,275	26,842	31,923
非消費支出	53,399	53,399	46,662	46,662	53,422	53,422	47,562	47,562	49,595	49,595	54,157	54,157	50,492	50,492	50,107	50,107
予備費	18,300	18,400	18,100	18,000	17,600	17,700	16,300	16,300	17,800	17,500	17,300	17,000	17,500	16,900	18,000	18,600
最低生計費（月額）税抜	201,413	203,172	199,997	198,960	194,337	195,356	179,383	179,513	196,190	193,140	190,794	187,953	193,440	186,819	198,404	204,705
税込	254,812	256,571	246,659	245,622	247,759	248,778	226,945	227,075	245,785	242,735	244,951	242,110	243,932	237,311	248,511	254,812
年額（税込）	3,057,744	3,078,852	2,959,908	2,947,464	2,973,108	2,985,336	2,723,340	2,724,900	2,949,420	2,912,820	2,939,412	2,905,320	2,927,184	2,847,732	2,982,132	3,057,744
必要最低賃金額A（173.8時間換算）	1,466	1,476	1,419	1,413	1,426	1,431	1,306	1,307	1,414	1,397	1,409	1,393	1,404	1,365	1,430	1,466
必要最低賃金額B（150時間換算）	1,699	1,710	1,644	1,637	1,652	1,659	1,513	1,514	1,639	1,618	1,633	1,614	1,626	1,582	1,657	1,699
最低賃金額（22年10月～）	908		944		910		986		968		1,023		960		892	

（資料）（注）ともに表2と同じ。

表4　最低生計費試算調査結果総括表（若年単身世帯）その③

都道府県名	高知県		山口県		福岡県		長崎県		佐賀県		大分県		鹿児島県		沖縄県	
自治体名	高知市		山口市		福岡市		長崎市		佐賀市		大分市		鹿児島市		那覇市	
性別	男性	女性	男性	女性	男性	女性	男性	女性	男性	女性	男性	女性	男性	女性	男性	女性
最賃ランク	D		C		C		D		D		D		D		D	
消費支出	183,688	184,283	174,873	175,795	161,660	169,945	164,737	168,907	178,127	178,887	187,077	191,848	176,843	178,056	179,439	182,095
食費	45,423	37,054	36,886	29,181	43,686	32,657	39,434	32,120	39,025	30,274	42,755	35,785	39,941	31,445	41,266	33,200
住居費	33,000	33,000	30,000	30,000	32,000	32,000	39,000	39,000	34,500	34,500	39,000	39,000	34,000	34,000	36,458	36,458
水道・光熱	8,710	10,360	7,245	11,446	7,722	9,184	8,109	9,645	8,150	9,694	7,560	7,877	8,101	9,636	8,764	10,424
家具・家事用品	3,247	3,707	4,168	4,125	3,697	4,090	3,797	3,940	3,561	3,911	4,226	5,394	3,401	3,779	3,826	3,851
被服・履物	6,638	8,223	6,654	5,852	7,108	8,681	7,092	8,284	5,635	5,111	4,478	8,896	5,680	6,733	5,021	3,339
保健医療	1,506	868	1,091	2,345	1,168	3,729	1,174	3,746	1,184	3,779	2,248	3,574	1,181	3,768	1,142	3,643
交通・通信	37,467	33,923	40,417	40,417	15,613	21,188	15,649	15,649	41,856	41,856	36,302	36,142	39,469	39,469	33,794	33,794
教養・娯楽	26,070	25,781	25,749	24,891	24,739	25,191	23,327	24,530	25,964	25,976	26,635	26,635	21,257	22,302	25,620	25,177
その他	21,627	31,367	22,663	27,538	25,927	33,225	27,155	33,593	18,252	23,786	23,873	28,545	23,813	26,924	23,548	32,209
非消費支出	47,711	47,711	49,467	49,467	49,776	49,776	43,655	43,655	46,045	46,045	53,037	53,037	43,115	43,115	48,977	48,977
予備費	18,300	18,400	17,400	17,500	16,100	16,900	16,400	16,900	17,800	17,800	18,700	19,200	17,700	17,900	17,900	18,200
最低生計費（月額）税抜	201,988	202,683	192,273	193,295	177,760	186,845	181,137	185,707	195,927	196,687	205,777	211,048	194,443	195,856	197,339	200,295
税込	249,699	250,394	241,740	242,762	227,536	236,621	224,792	242,732	241,972	242,732	258,814	264,085	237,558	238,971	246,316	249,272
年額（税込）	2,996,388	3,004,728	2,900,880	2,913,144	2,730,432	2,839,452	2,697,504	2,752,344	2,903,664	2,912,784	3,105,768	3,169,020	2,850,696	2,867,652	2,955,792	2,991,264
必要最低賃金額A（173.8時間換算）	1,437	1,441	1,391	1,397	1,309	1,361	1,293	1,320	1,392	1,397	1,489	1,519	1,367	1,375	1,417	1,434
必要最低賃金額B（150時間換算）	1,665	1,669	1,612	1,618	1,517	1,577	1,499	1,529	1,613	1,618	1,725	1,761	1,584	1,593	1,642	1,662
最低賃金額（22年10月～）	853		888		900		853		853		854		853		853	

（資料）（注）ともに表2と同じ。

　ちなみに、政府は2016年以降、「全国加重平均1,000円」を達成すべき目標として定めているが、生計費調査の結果からみると時給1,000円では低すぎるのである。低すぎる最低賃金では、先に挙げたような「普通の暮らし」は実現不可能である。労働者は何かしらを我慢せざるを得なくなる。どんなことを我慢しなければならないのか。生計費調査では、余暇や娯楽、人づきあいを想定しているが、これは真っ先に削られる費目であろう。また、生存のために必須である衣食住であっても節減が迫られるであろう。たとえば、食事はなるべく安い食材を購入す

るようになり、栄養のバランスは二の次になってくる。生計費試算では人前で着用する背広やジャケットは恥ずかしくないように、最低価格ではなく、標準的な価格の算定に組み込んでいるが、最低価格で選ぶということがありうる。生活のあらゆる場面で、我慢が強いられるのである。この我慢を避けるために取られる若者の選択が、「親との同居」である。このことについては後述する。いま、若者世代を中心に掲げられている「最低賃金1,500円」という要求は、彼ら彼女らの実感から生活の質や人間関係を確保するために、きわめて妥当な要求額である。

(2) 重視されない労働者の生計費

　それでは、なぜ最低賃金は貧困を生み出すような低水準に抑えられているのだろうか。最低賃金法第9条では、「地域別最低賃金は、地域における労働者の生計費及び賃金並びに通常の事業の賃金支払能力を考慮して定められなければならない」とあり、最低賃金額を定める考慮要素として①労働者の生計費、②労働者の賃金、③事業の賃金支払能力の三つが挙げられている。これら3要素は最低賃金額を決める場ではどのように考慮されているのだろうか。例年、中央最低賃金審議会から地方最低賃金審議会に対し、金額改定のための引き上げ額の目安額を提示し（7月〜8月）、その後の地方最低賃金審議会で、その目安額を参考にしながら地域の実情に応じた地域別最低賃金額の改正のための審議を行い、各都道府県で10月以降に改定される金額が決定される。公益代表、労働者代表、使用者代表の各委員が同数で構成される最低賃金審議会では、賃金の実態調査結果など各種統計資料を参考にして審議を行っている[7]。さまざまある統計資料のなかで、最も重視されてきたのが「賃金改定状況調査」である。同調査は、同審議会における最低賃金の決定、改正等の審議に資するよう、労働者の賃金改定の状況等を把握するために厚生労働省が実施している一般統計調査である。調査対象は、全国の民営事業所のうち常用労働者数が30人未満の企業に属し、1年以上継続して事業を営んでいる事業所である。これまで同審議会の議論では、「賃金改定状況調査」における第4表と言われる一般労働者及びパートタイム労働者の賃金上昇率が特に重視されてきた[8]。年々、最低賃金近傍の労働者が増え続けるなかで、中小零細企業における労働者の賃金上昇率を重視することは、労働者の賃金の相

場を過少評価し、最低賃金水準を低水準に抑制することに繋がりかねない。それでも、最低賃金審議会は第4表に固執するのである[9]。

　ここで問題視したいのは、最低賃金審議会において労働者の生計費が軽視されている傾向である。もちろん、労働者の生計費に関連した統計資料が同審議会では提示されており、議論の俎上に乗っていることは事実である。それでも労働者の生計費が軽視されているとする根拠の一つは、同審議会で労働者の生計費を正しく反映した統計資料が提示されていないからである。労働者の生計費関連の統計資料として代表的なものに標準生計費がある。標準生計費とは、人事院が毎年国家公務員の給与勧告を行う際に、参考資料として算定しているもので、総務省によると標準生計費の位置づけは、国民の「平均的な生活費」である。さらに、各都道府県の人事委員会もほぼ同じ方式でそれぞれの標準生計費を算出しており、こちらは地方公務員の給与勧告を行う際の参考資料とされている。人事院の標準生計費の算定方法は、1人世帯については「『全国家計構造調査』及び『全国単身世帯収支実態調査』の18歳～24歳の単身勤労者世帯について、並数階層の費目別支出金額を求め、これに消費者物価・消費水準の変動分を加味して」算定され、2人～5人世帯については「家計調査の調査世帯（全国・勤労者世帯）における費目別平均支出金額に、費目別、世帯人員別生計費換算乗数を乗じて」算定されている。費目別、世帯人員別生計費換算乗数は、並数階層の費目別支出額にもとづいているので、結局のところ、どの世帯においても並数階層の費目別支出額が重要な意味をもっている。並数（モード）とは、最も度数の多い数字であり、標準生計費を算出するにあたって平均でも中位でもなく、並数を使っていることの妥当性が疑わしいのだ。

　表5は、2022（令和4）年における岐阜県岐阜市の標準生計費と同年に実施された岐阜市の生計費調査結果との比較である。ここでは税・社会保険料などの非消費支出は含めていない。最低生計費は、食費や住居費など10項目の積算額を消費支出とし、さらに個々人のニーズの違いや計上できなかった費目などに対応するために消費支出の1割を上乗せして最低生計費（税等抜き）を試算している。岐阜市の標準生計費は、試算された最低生計費はおろか、消費支出にも届いていない。手取り額＝103,040円で生活できないことはないだろうが、これを平均的、

標準とすることに違和感を覚えざるを得ない。たとえば、住居関係費は、住居費に加えて、光熱・水道費や家具・家事用品費も含まれて29,210円である。果たして、この金額を標準とすることに世間の賛同が得られるだろうか。そして、実際に統計のどの部分からどうやって並数階層の費目別支出額を抽出しているかは全く公表されておらず、算定の詳細な内容はブラックボックスとなっていて再現が不可能な点も重大な欠点として指摘できる。

表5　最低生計費（岐阜市の若年単身世帯・男性）と標準生計費の比較（2022年）

(円)

	岐阜県岐阜市在住25歳男性の最低生計費	岐阜市標準生計費（1人）	
消費支出	176,737	103,040	食料費〜雑費IIまでの合計
食　費	44,871	30,060	食料費
住　居　費	38,000	29,210	住居関係費（29,210円）には住居、光熱・水道、家具・家事用品が含まれる
光熱・水道	7,874		
家具・家事用品	3,058		
被服・履物	7,748	6,400	被服・履物費
保健医療	1,501	24,410	雑費I（24,410円）には保健医療、交通・通信、教育、教養娯楽が含まれる
交通・通信	34,993		
教養・娯楽	20,390		
そ　の　他	18,301	12,960	雑費II（12,960円）には諸雑費、こづかい、交際費、仕送り金が含まれる
予備費	17,600	0	
最低生計費（税抜）	194,337	103,040	標準生計費（再掲）

（資料）岐阜県人事委員会ホームページ「令和4年 職員の給与等に関する報告及びと給与改定に関する勧告」https://www.pref.gifu.lg.jp/uploaded/attachment/320975.pdf

　また、数字のブレが大きいことも並数の使うことの妥当性が疑わしいことの理由である。2021（令和3）年の岐阜市の標準生計費は、101,420円（内訳：食料費＝30,390円、住居関係費＝42,990円、被服・履物費＝7,750円、雑費I＝16,480円、雑費II＝4,010円）であった。1年間で住居関係費が約32％の減少、雑費Iが約46％の増加、雑費IIで約223％の増加である。年によってこれほどまでに大きな差異が生じてしまうことは、標準生計費の信頼性を損なわせている。

　最低賃金審議会が労働者の生計費を重視していないのは、2022年改定をみても明らかである。2022年改定は前年度から続く物価上昇を受けて、物価上昇に見合った引き上げが期待されていた。実際、目安額答申後に公表された「中央最低賃金審議会目安に関する小委員会報告」の公益委員見解には、「関連する指標である消費者物価指数を見ると、『持家の帰属家賃を除く総合』は今年4月に3.0%、5月に2.9%、6月に2.8%（対前年同月比）となっており、とりわけ『基礎的支出項目』といった必需品的な支出項目については4%を超える上昇率となっている」と明記しており、物価上昇に見合った引き上げ水準を同審議会が把握していたことがうかがえる。それにもかかわらず、22年度の最低賃金引き上げ率は3.3%に止まり、物価上昇率を下回った。これは最賃近傍の労働者にとっては実質賃下げと同じである。ところが、同報告では、「結果として、3要素のうち、特に労働者の生計費を重視した目安額」であると締めくくるのである。

　最低賃金法は、2007年に生活保護との逆転現象を解消するために、法改正を行い、第9条に3項が追加された。「労働者の生計費を考慮するに当たつては、労働者が健康で文化的な最低限度の生活を営むことができるよう、生活保護に係る施策との整合性に配慮するものとする」との条文である。考慮3要素のうち労働者の生計費にのみ、このような補足が付け加えられたのは、それを特に重視すべきとの趣旨があると捉えるのが自然な法解釈であろう。

　厚生労働省は、賃金の相場を知るために「賃金改定状況調査」を実施している。ならば、労働者の生計費を知るために独自の調査を実施すべきである。最低賃金を議論する場に、きちんとしたデータを提供するのは、国や地方自治体の責務である。

4．最低賃金制度の問題点②──地域間の格差を拡げ続ける最賃

（1）全国どこでも変わらない生計費

　すべての労働者をカバーしている地域別最低賃金は、47都道府県別に定められており、そのことが地域間の格差を生み出している。地域別最低賃金は、中央最低賃金審議会が作成した最低賃金の改定額の目安を、AからDの4つランクに

分けたうえで各都道府県労働局に設置された地方最低賃金審議会に提示する。例年、人口の多い都府県（Aランク）ほど高い目安額になり、人口の少ない県（C・Dランク）では低い目安額が答申される。目安額は大きな影響力を持っており、地方最低賃金審議会の議論で多少の上乗せは可能であるが、ほぼ目安額に沿った改定が行われている。

　では、本当に生計費にランク制度に示されるような格差が存在するのだろうか。表2〜4で示したように、若者が「普通の暮らし」を送るためには、全国どこでも月額24〜26万円（税・社会保険料込み）程度が必要である（年額約270〜300万円）。[10] この生計費でまかなわれる「普通の暮らし」の内容は、先に高知県と大阪府の想定を紹介したが、多少の差異はあるものの他の地域でもほぼ同じである。**表6**は、ほぼ同時期に実施された生計費調査の結果をランクごとに並べたものであるが、生計費には地域ごとの格差があまりないことが確認できる。これまで「大都市では家賃など物価が総じて高く、反対に地方では物価が安いので生計費は低くなる」という言説が信じられてきた。表6をみれば、この言説が正しくないことは明白である。確かに、東京都は住居費が高い。しかし、交通費（・通信費）は他の地方都市のほうが高くなっている。これは自家用車の所有の有無が関連している。最低生計費の試算においては、自家用車は「7年落ちの中古車を6年間乗る」という控えめな設定であるが、この設定であっても自動車本体の価格に加えて、ガソリン代、駐車場代、保険料、メンテナンス費用等を考慮すると、相当の費用が計上されることになり、生計費を増大させるのである。反対に東京など大都市は電車やバスなどの公共交通機関が発達し、かつ利用客が多いために、運賃が低く抑えられる。つまり、住居費と交通費はトレードオフの関係になっていることが生計費調査から実証されたのである。自動車が生活必需品である地方の生活費は、決して低くはならないのだ。

　ところが、先に述べたように最低賃金には大きな格差が存在し、そして拡大する傾向にある。2022年10月時点の最高額である東京都を100とすると、最低額である青森県・高知県・沖縄県など10県は79.6にまで差が拡大している。金額ベースで比較すると、最賃が最も高い東京都（1,072円）と、最も低い10県（853円）との差は219円にもなる。2006年の最高額と最低額との差は109円で

表6　最賃ランクごとの最低生計費比較

都道府県名		東京都		長野県		岡山県		沖縄県	
自治体名		北区		長野市		岡山市		那覇市	
性別		男性	女性	男性	女性	男性	女性	男性	女性
最賃ランク		A		B		C		D	
消費支出		179,804	176,824	183,113	184,772	180,404	186,105	179,439	182,095
	食　費	44,361	35,858	41,323	32,926	40,333	33,993	41,266	33,200
	住 居 費	57,292	57,292	40,625	40,625	35,417	35,417	36,458	36,458
	水道・光熱	6,955	6,780	7,298	7,114	7,273	11,491	8,764	10,424
	家具・家事用品	2,540	2,703	4,342	4,937	4,032	4,297	3,826	3,851
	被服・履物	6,806	5,302	7,522	7,406	6,575	7,701	5,021	3,339
	保健医療	1,009	2,885	1,026	2,934	1,094	2,352	1,142	3,643
	交通・通信	12,075	12,075	29,359	31,799	33,384	33,384	33,794	33,794
	教養・娯楽	25,577	25,613	26,393	26,393	25,454	25,547	25,620	25,177
	そ の 他	23,189	28,316	25,225	30,638	26,842	31,923	23,548	32,209
非消費支出		51,938	51,938	53,399	53,399	50,107	50,107	48,977	48,977
予 備 費		17,900	17,600	18,300	18,400	18,000	18,600	17,900	18,200
最低生計費（月額・税等抜）		197,704	194,424	201,413	203,172	198,404	204,705	197,339	200,295
最低生計費（月額・税等込）		249,642	246,362	254,812	256,571	248,511	254,812	246,316	249,272
年額（税込）		2,995,704	2,956,344	3,057,744	3,078,852	2,982,132	3,057,744	2,955,792	2,991,264

（資料）（注）ともに表2と同じ。

あったので、この15年あまりで格差が約2倍に拡大したのである。

　この最賃格差は、隣接する自治体間で比較すると、その不合理さが際立つ。神奈川県と静岡県は127円、大阪府と和歌山県は134円である。同じ仕事内容なのに、「隣の町のコンビニで働けば時給が100円以上も違う」、「都会に行けば月給が30,000円以上も高い」ということであれば、人口（特に、若者）は、どんどん賃金の低い地方から高い地方に流出していくだろう。**図2**はその事実を示したものである。最低賃金額の格差と若者人口の流出に相関があることがわかる。若者を中心に人口が地方から都市に流出していく。地方の労働力が減少することは、消費購買力が低下することを意味し、やがては地方の活力が失われていく。そうして魅力をなくした地方から都市へさらに人口が流出するという悪循環が生まれるのだ。

(2) 全国チェーン店にお得な地域別最賃

　では、なぜ地域別最低賃金は温存されているのか。地方にとっては悪影響をも

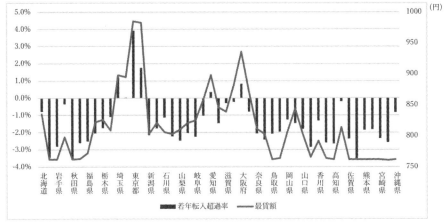

図2　都道府県別若年転入超過率と最賃額の相関

（資料）「2019年住民基本台帳人口移動報告」、「2019年10月1日現在人口推計」より筆者作成。
（注）最低賃金は2018年10月以降の額。

たらしている地域別最低賃金であるが、逆に全国展開する大企業にとっては大きな利益をもたらす制度となっている可能性が高いのである。筆者が、2016年12月〜17年5月にかけて、求人誌やインターネットの広告、店頭の掲示などを参考に全国チェーン店（コンビニ、ファストフード店、居酒屋など9業種、14チェーン店の1320件）で働くアルバイト・パートなどの労働条件を調査したところ、募集時給額は最低賃金に張り付いていた。特に、コンビニやファストフード店などは最低賃金に対して105％以内であるケースが多く、調理のスキルが要求される居酒屋や多忙となる混雑店舗では多少時給額が高めとなるが、それでも最賃2割増し以内がほとんどであった。最低賃金額が年々上昇するなかで、この傾向は強まっていることが予想される。**図3**は、東京春闘共闘会議が2004年より継続して実施している最賃改定後の「東京都パート・アルバイト募集賃金調査」結果より、パートやアルバイトの募集賃金の推移を示したものである[11]。年々、最低賃金に接近する傾向がみられる

　同じチェーン店であれば、マニュアル化された仕事の内容は全国どこでもほぼ同じであろう。そして、チェーン店で販売・提供される商品・サービスの価格・

料金も全国どこでも同じある。だが、労働者に支払われる時給は、地域別最低賃金に張り付いているので地方により異なってくる。最低賃金の低い地方では、労働者にかかるコストが抑えられる分だけ全国展開するチェーン店にとって、地域別最低賃金はお得な制度になっているのである。

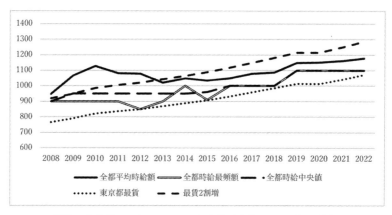

図3　東京都パート・アルバイト時給調査結果と最賃額の推移
（資料）東京春闘共闘会議「東京都パート・アルバイト募集賃金調査」より筆者作成。

　この地域間格差問題は、最低賃金のランク制度を廃止しない限り、ますます深刻になるだろう。格差があることを理由にさらに格差を拡げる仕組みになっているからだ。政府は「全国加重平均で1,000円」を掲げているが、全国加重平均で1,000円を達成しても、先に述べたように最低賃金の低水準問題は解決しない。そして、地域間格差問題も解決しない。Aランクの都府県が1,000円を超えた時点で「全国加重平均で1,000円」は達成されてしまうのだ。格差があることを理由にさらに格差を拡げる仕組みではなく、格差を縮める仕組みに転換しなければならない。地域間格差問題を解決するためには、現行のランク制度をいち早く廃止し、全国一律の最低賃金制度に変えるべきである。

5．若者の自立／家族形成を支える全国一律最賃1,500円

（1）親から自立できない若者たち

　各地で生計費調査を続けるなかで痛切に感じたのは、若者たちが親元から独立して一人暮らしをすることが困難になってきている状況である。生計費調査では一人暮らしの若者とは、具体的には「20歳未満」「20歳代」「30歳代」で、かつ世帯類型が「独居」のケースである。この条件に該当する若者のデータを集めるのはとても困難であった。特に、地方では一人暮らしする若者がなかなか見つからないのである。多くの若者たちが親を含めた家族と同居しているのだ。もちろん、自らの意思で親と同居している層は一定程度存在するだろう。だが、一人暮らしの意思はあるけれども、経済的に自立するのが困難で親と同居せざるをえない若者たちが相当数存在していることが予想され、それは深刻な問題として捉えねばならない。どうすれば若者の自立を支えることができるのだろうか。

　若者が自立する道筋を探るために、ここでは筆者が関わった別の調査の結果も示してみたい。労働運動総合研究所が、2018年～2019年に労働組合員およびその周辺の非組合員や非正規雇用労働者を対象に実施した「若者の仕事と暮らしに関するアンケート」（以下、若者調査）である。若者調査といっても、実際には40歳以上の労働者も含まれるのであるが、有効回答数1515件の内訳は、20歳未満＝1.8％、20歳代＝56.8％、30歳代＝33.4％、40歳以上＝6.5％であったので、ほぼ若者を対象にした調査であると言ってよいだろう。**表7**は、若者調査における30歳代までの回答者を本人の年収と世帯類型とのクロスで分析したものである。

表7　20歳代および30歳代における本人の年収と世帯類型とのクロス

	200万円未満	200～300万円	300～400万円	400～500万円	500～600万円	600～700万円	700万円以上
配偶者や子と同居	6.7%	9.4%	22.1%	<u>27.5%</u>	20.1%	6.7%	7.4%
一人暮らし	4.3%	17.1%	<u>34.6%</u>	26.4%	14.4%	2.5%	0.7%
親と同居	14.9%	<u>37.3%</u>	29.3%	13.1%	4.5%	0.0%	0.9%

（資料）労働運動総合研究所「若者の仕事と暮らしに関するアンケート」

　本人の年収が300万円未満であると親と同居する割合が高く、300万円を超えると一人暮らしの割合が高くなることが確認できる。さらに本人の年収が400万円を超えると配偶者や子と同居する割合が高くなる。年収が若者の自立や家族形成に影響を及ぼしている可能性を指摘できる。

　さて、親元からの独立のボーダーとなっている年収300万円であるが、これは時給1,500円で達成可能な金額である。つまり、勤労する若者が普通の暮らしを営めて、（望めば）親からの独立を可能にするためには、賃金の最低限、つまり最低賃金は1,500円という水準に達していることが必要なのである。そして、この水準は地域ごとに異なっているのではなく、全国どこでも同じような水準であるべきことが、生計費調査の結果から明らかになっているのである。新規学卒者（産業計、男女計）の所定内給与額（月額）の中位数を学歴別にみてみると、高校卒17万7400円、専門学校卒21万1900円、高専・短大卒19万8600円、大学卒22万2000円となっている（「令和4年賃金構造基本統計調査」）。高校卒ではほとんどの労働者が年収300万円の水準に届いていない。大学卒であってもおよそ4割はその水準に到達していないのである（賞与の支給月数を2ヶ月と仮定）。[12]日本の初任給はあまりに低い水準である。若者たちが自立できるようにするためには、年収300万円が最低基準であり、その実現には全国一律最低賃金1,500円が有効策となるであろう。

（2）家族形成につながる全国一律最賃1,500円

　さらに、親からの独立の先にあるのが、家族形成である。冒頭で取り上げた「野原ひろしエリート説」にみられるように、結婚して、子どもがいて、マイホームやマイカーを所有することは、"高嶺の花"になってしまっている。家族形成が普通になるためには、賃金の最低限度（ミニマム）はどこに定めるべきなのか。生計費調査では30歳代〜50歳代の子育て世帯の最低生計費も試算しており、「野原ひろしエリート説」のもととなった調査結果もここに含まれている。**表8**は、30歳代夫婦＋子ども2人からなる4人世帯の最低生計費結果一覧である。こちらも若年単身世帯の結果と同様に全国各地でそれほど大きな差はなく、年額550〜600万円（税・社会保険料込み）であった。これは最低賃金1,500円で到達可能な水準

である。つまり、最低賃金1,500円×年間1800労働時間×2人分＝年額540万円で、子育て世帯の最低生計費にほぼ相当するのである。

　このことの裏付けとして、若者調査の結果（表7）を再び参照する。世帯類型別で「配偶者と子」は、本人年収が300万円を超えたところから割合が増え始めて、「400〜500万円」でピークとなっている。ここでは本人の年収のみで分析されているが、これに配偶者の年収が加味されれば、世帯年収500〜600万円がリアルでも子育てに必要な金額になっていることが確認できる。

表8　最低生計費試算調査結果総括表（30歳代子育て世帯）

生計費結果	札幌市	盛岡市	さいたま市	八王子市	静岡市	名古屋市	京都市	岡山市
	30歳代夫婦と子ども2人（幼児・小学生）							
居住面積（賃貸）	42.5㎡							
A 消費支出（1〜10）	360,279	377,522	391,157	357,397	365,108	374,200	381,075	372,463
1 食費	103,494	103,017	108,192	109,833	100,787	101,184	112,881	108,589
2 住居費	45,000	43,000	57,292	62,500	51,000	52,000	63,542	51,042
3 光熱・水道	18,088	18,788	18,191	19,671	17,742	19,961	18,636	19,897
4 家具・家事用品	12,891	10,816	18,356	10,727	13,142	14,858	11,520	14,279
5 被服・履物	17,070	14,667	20,156	12,834	11,317	16,981	13,095	14,644
6 保健医療	7,687	7,393	8,706	6,447	7,396	9,593	8,440	4,329
7 交通・通信	54,688	58,166	38,210	29,089	60,503	59,447	53,185	67,668
8 教育	26,986	26,986	26,986	28,417	26,986	26,986	28,097	9,667
9 教養娯楽	31,382	47,052	45,663	30,597	27,610	27,445	26,192	35,643
10 その他	42,993	47,637	49,405	47,282	48,625	45,745	45,487	46,705
B 非消費支出	64,671	54,461	68,807	101,754	68,480	68,756	67,738	70,488
C 予備費	36,000	37,700	39,100	35,700	36,500	37,400	38,100	37,200
最低生計費（税抜き）A＋C	396,279	415,222	430,257	393,097	401,608	411,600	419,175	409,663
D 同上（税込み）A＋B＋C	460,950	469,683	499,064	494,851	470,088	480,356	486,913	480,151
同上（税込み）D ×12	5,531,400	5,636,196	5,988,768	5,938,212	5,641,056	5,764,272	5,842,956	5,761,812

（資料）筆者作成。
（注1）その他には理美容品費、理美容サービス費、身の回り用品費、交際費、自由裁量費（1ヶ月6,000円）を含む。
（注2）非消費支出＝所得税＋住民税＋社会保険料

6．貧困を防止し、格差を是正する役割

　このように最低賃金制度を全国一律最低賃金1,500円に変えることは、地方の若者にとって画期となることが期待できる。加えて、最低賃金制度の根源的な役割は、労働者の生活保障や労働者間の格差是正にあることにも改めて留意する必要がある。行き過ぎた貧困や格差は、個人の能力や努力ではどうにもならない閉塞感やストレスを社会全体に作り出す。1日8時間働いても普通に暮らせないとしたら、それは人権侵害に他ならない。人権が保障されない社会に持続可能性はない。貧困を生み出し、格差を拡げる最低賃金制度は、国際的にも批判の的となりうる。最低賃金の貧困を防止し、格差を是正する役割をいま一度強調したい。

　かつて、ラテン語で「正義」とか「公正」を意味する言葉で、貧困や格差の深化・拡大に対して、社会正義の実現を求めて2015年に若者を中心に結成された市民団体エキタス（AEQUITAS）が、SNSで「時給1,500円になったら何をしたいですか？」と広く世間に問いかけた。果たして、どんな回答が多かったのか。海外旅行に行くとか、美味しいごちそうを食べるとかではなかった。「病院に行ける」や「歯医者に行ける」という回答が約3割も占めて、最も多かったのである。他には、「調子が悪いときに仕事を休める」「ひとり暮らしができる」「進学できる」「結婚（離婚）できる」「もやし以外のご飯が食べられる」「子どもに好きな物を買ってあげられる」…すべて贅沢なことではなく、普通・当たり前のことであった。低賃金で雇用が不安定な若者たちは、病院へも行けずに健康を犠牲にしているのだ。最低賃金が1,500円になれば、普通・当たり前の選択肢が増える。

　また、日本は男女間賃金格差が大きい国である。国税庁「2021年民間給与実態統計調査」によると、非正規雇用で働く女性労働者の平均賃金（年間）は162万円であるのに対して、正規も非正規も含めた男性労働者全体の平均賃金は545万円である。非正規女性は男性の3割にも満たない賃金水準なのだ。最低賃金1,500円が実現すれば、男女間の賃金格差は確実に縮まるであろう。

　ここで貧困防止や格差是正を強調するのは、一つに「支払い能力論」が最低賃金審議会であまりに強い力を発揮しているからである。最賃法第9条2項の規定に基づき、同審議会で使用者委員は「支払い能力論」を楯にたとえ1円でも最低

賃金の引き上げに抵抗する。労働者側と使用者側の意見が対立すれば（というか、対立するものである）、判断は公益委員に委ねられる。その際に、この規定がある限り、公益委員も使用者側の意見を考慮せざるを得ず、結局大幅な引き上げなど望めないのである。賃金決定は労使の自治であるが、このように特別な役割を担う最低賃金に関しては、政策的に賃金決定に介入が許されていることを審議会委員には自覚すべきである。加えて、2016年以降の目安額が政権の指示どおりに答申が出されていることは、それまでの目安額の算出方法と整合性が取れなくなっており、目安方式の限界が明らかになった証左だと言えよう。こちらも全国一律化について真摯に議論すべきだろう。

7．おわりに──最低規制を機能させるために

　かつて湯浅誠が指摘した「すべり台社会」は、いまだに改善されていない。日本は最低規制が機能していないがために、社会的弱者は何かアクシデントがあるとたちまち底まで落ちてしまうことが、コロナ禍により痛感させられた。また、これも湯浅が提唱した“溜め”という概念があるが、“溜め”がある社会とは、幾層にもセーフティーネットが張り巡らされていて、いざという時にそれらが機能する社会である。まずは雇用・賃金の保障により働けば普通に暮らせなければならない。次に、生活上の様々なリスクへのサポートとして社会保険によるセーフティーネットが存在する。ここまでのセーフティーネットがきちんと機能していれば、貧困に陥る可能性は大幅に軽減される。それでも、貧困に陥った場合には最後のセーフティーネットとして生活保護制度が存在する。あるべき生活保護制度とは、転落しないように受け止めるだけなく、生活が向上できるようなスプリングボードの機能を果たさなければならない。しかしながら、実際の生活保護制度とはいうと、本来は利用できる層が利用できない漏給が問題となっており、そもそも制度にアクセスすることが難しくなっている。

　これらのセーフティーネットのなかで、その網にかかる人数が最も多くて包括的なのが雇用・賃金である。したがって、このセーフティーネットが機能することを最優先させることが重要である。もちろん、私たちが普通に暮らすためには、

サービス保障や公共的な生活基盤としての住宅・教育・電気・ガス・交通・通信・図書館・公園・スポーツ娯楽施設などのインフラの整備、性差別や人種差別など人権保障の確立も不可欠である。これらも含めて、最低規制がきちんと機能するように再構築・再整備することにより、遠ざかってしまった普通の暮らしを取り戻すことができるのだ[13]。

　結びに、運動の重要性について指摘しておきたい。いくらあるべき論を唱えても制度を簡単に変えることはできない。政策制度をあるべき方向へ変えるためには、粘り強く要求することが必要である。今後、最賃運動がその目的を達成するためには、社会に訴えかける力をさらに強化しなければならないだろう。最後に朗報である。2023年4月3日、中央最低賃金審議会にて地域間格差を拡げていると最賃運動が批判してきたランク制度が、1978年の創設以降初めて4ランクから3ランクへと見直されることが決定した。これまでの運動の成果であると言ってよいだろう。さらなる運動の展開に期待したい。

（注）

1　厚生労働省（2022）

2　後藤道夫は、1997年から2017年の間に雇用者で30代後半男性における年収500万円以上の割合が、55％から39％に低下したことを指摘する。また、年収400万円未満の非年功型中層および下層は、23％から40％に増大していることも指摘している（後藤2019）。

3　「生活実態調査」および「持ち物財調査」の内容を説明すると、「生活実態調査」は各地域により質問項目が多少のバリエーションがあるが、合計で50項目前後の設問から成り、朝食、昼食、夕食の摂り方、外食や飲み会の費用、余暇生活、日帰り行楽や1泊以上の旅行の回数や費用、結婚式・葬式や忘新年会・歓送迎会などの交際費、自動車・バイクの必要性、家電や被服などの主な買い物場所などを尋ねている。「持ち物財調査」は、普段使いしている家電・家具・寝具・日用雑貨・被服・履物・教養娯楽用品など合計で330〜350の品目について、所有の有無および数量を尋ねている。「価格調査」は、それぞれの都道府県の対象市（多くは都道府県庁所在地であるが、釧路市や豊橋市などでも実施している）において、先の二つの調査で明らかとなった対象者（世帯）の買い物先に行き、所有が認められた商品やサービスの価格（最低価格、最多価格、最高価格）をチェックしている。これらの調査では不明な費目（たとえば、水道・光熱費や通信費、教育費など）については、総務省「全国家計構造調査（旧全国消費実態調査）」や文部科学省「子供の学習費調査」などの各種の統計調査結果も利用している。

4　昭和38年4月1日付、厚生省社会局保護課長通知「生活保護法による保護の実施要領の

取扱いについて」(社保第34号)。

5　300万円を中央最賃審議会が用いている月173.8時間の所定労働時間で時給換算すると、1,438円になる。また、月150時間労働で換算すると1,667円となる。

6　後藤（2016）。

7　2023年2月8日開催「第8回目安制度の在り方に関する全員協議会」資料によると、実質的に目安額を決定する「目安に関する小委員会」に例年提出される、考慮すべき3要素に対応する統計データは、①労働者の生計費に対応する資料は、消費者物価指数や標準生計費など7資料、②労働者の賃金に対応する資料は、毎月勤労統計調査や賃金構造基本統計調査、賃金改定状況調査など41資料、③通常の事業の賃金支払い能力に対応する資料は、全国企業短期経済観測調査（日銀短観）や中小企業景況調査など9資料である。

8　なお、2016年以降は政府の方針に従った改定額が決定されている。それでも「賃金改定状況調査」じたいが審議会に参考資料として実施・提出されていることは変わりない。

9　「中央最低賃金審議会目安に関する小委員会報告」（令和4年8月1日）には、「第4表は、目安審議における重要な参考資料であり、同表における賃金上昇率を十分に考慮する必要がある」との公益委員見解がある。

10　生計費調査は2015年から始まっているために、その後の消費増税やコロナ禍・ウクライナ侵攻による物価高騰等を反映していない。いくつかの調査では、これらの影響をふまえて再試算を行っている。東北地方調査では、2016年から2022年10月にかけての物価変動を総務省統計局公表の「消費者物価指数」(CPI) を用いて分析し、係数を各費目に乗じて2022年10月時点での最低生計費を試算した。なお、係数を乗じて調整した項目は、食費（家での食事および廃棄分）、光熱水費、家具・家事用品費、被服及び履物費、保健医療費、自動車関係費、通信費、教養娯楽耐久財費、理美容品費、理美容サービス費である。また、住居費については家賃の再調査を行った（**表9**参照）。2016年と比較すると、各県で12〜17％ほど生計費が上昇している。

表9　東北地方最低生計費試算調査結果（2022年版改定）総括表

都道府県名		青森県	秋田県	岩手県	山形県	宮城県	福島県
自治体名		青森市	秋田市	盛岡市	山形市	仙台市	福島市
性別		男性	男性	男性	男性	男性	男性
最賃ランク		D	D	D	D	C	D
消費支出		179,522	182,825	186,717	181,425	183,708	183,513
	食　費	46,583	47,235	47,242	46,605	47,226	47,442
	住　居　費	33,000	35,000	37,000	34,000	35,000	36,000
	水道・光熱	10,406	10,687	11,614	10,878	11,068	10,903
	家具・家事用品	4,066	3,841	3,932	4,321	4,150	3,893
	被服・履物	6,885	6,901	7,144	6,131	7,709	6,506
	保健医療	2,604	2,690	2,636	2,682	2,682	2,617
	交通・通信	36,150	36,114	36,057	36,022	36,103	36,234
	教養・娯楽	19,599	20,286	19,988	19,089	19,512	19,796
	そ　の　他	20,138	20,072	20,105	21,696	20,257	20,123
非消費支出		52,112	52,555	52,686	53,041	57,998	53,531
予　備　費		17,900	18,200	18,600	18,100	18,300	18,300
最低生計費 （月額）	税抜	197,422	201,025	205,317	199,525	202,008	201,813
	税込	249,534	253,580	258,003	252,566	260,006	255,344
年額（税込）		2,994,408	3,042,960	3,096,036	3,030,792	3,120,072	3,064,128
必要最低賃金額A（173.8時間換算）		1,436	1,459	1,484	1,453	1,496	1,469
必要最低賃金額B（150時間換算）		1,664	1,691	1,720	1,684	1,733	1,702
最低賃金額（22年10月〜）		853	853	854	854	883	858

（資料）（注）ともに表2と同じ。

11　「東京都パート・アルバイト募集賃金調査」の調査方法は、主に最低賃金が改定された直後の10月に新聞折り込み求人誌（『アイデム』『クリエイト』『タウンワーク』『ユメックス』等）を都内各地域から回収して、パート・アルバイトの募集時の時給や労働条件をチェックしたものである。なお、勤務時間帯は、居酒屋などの飲食店については、17：00から24：00前後の、それ以外の職種については9：00〜17：00を対象としている。これまでの累積データ数は37000件を超えている。

12　同調査「新規学卒者の所定内給与額階級別労働者数及び所定内給与額の分布特性値」より推計。

13　取り戻すという言葉には、いささかの語弊があるかもしれない。かつての男性稼ぎ主モデル社会は、働き過ぎを蔓延化させ、生活からゆとりを失わせた。最低規制が機能することにより、賃金と社会保障との組み合わせで人間らしく暮らせる社会をめざすべきであるというのが、取り戻すの真意である。

〔参考文献〕

岩永理恵（2011）『生活保護は最低生活をどう構想したか―保護基準と実施要領の歴史分析』ミネルヴァ書房

江口英一編著（1998）『改訂新版　生活分析から福祉へ』光生館

金澤誠一編著（2009）『「現代の貧困」とナショナル・ミニマム』高菅出版

金澤誠一（2012）『最低生計費調査とナショナルミニマム』本の泉社

厚生労働省（2022）『令和4年版　労働経済の分析』

後藤道夫（2016）「〈1500円／48時間〉要求の背景―底が抜けた労働市場」『月刊全労連』No.234学習の友社

後藤道夫（2019）「ワーキングプア再論―低賃金のままで貧困改善は可能か？」『唯物論研究年誌第24号　貧困の〈隠され方〉』（大月書店）、p34-35

後藤道夫・中澤秀一・木下武男・今野晴貴編（2018）『最低賃金1500円がつくる仕事と暮らし―「雇用破壊」を乗り越える』大月書店

中村和雄・脇田滋（2011）『「非正規」をなくす方法―雇用、賃金、公契約』新日本出版社

中澤秀一（2011）「現代版マーケット・バスケット方式による貧困の測定」『貧困研究』Vol.7

中澤秀一編著（2012）『これだけは必要だ！静岡県の最低生計費』本の泉社

中澤秀一（2018）「全国チェーン店時給調査」『労働総研クォータリー』No.109

中澤秀一（2019）「全国一律最賃制度をめぐる情勢と課題」『月刊全労連』No.270

中澤秀一（2020a）「生計費調査でみた子育て世代の『普通の暮らし』」『経済』No.294

中澤秀一（2020b）「ディーセントワークの実現に向けた賃金と労働時間の展望」『女性労働研究』第64号

中澤秀一（2021）「社会保障と最低生活保障」『ジェンダーで学ぶ生活経済論［第3版］』ミネルヴァ書房

中澤秀一（2023）「最低生計費調査の到達点―地方圏における最賃とは」『大分大学経済論集』第74巻第5・6号

橋本紀子（2018）「生計費調査から見る日本の世帯構造の変化―『埼玉県最低生計費調査』を巡るSNS上の反応を巡って」『関西大学経済論集』No.67

湯浅誠（2008）『反貧困―「すべり台社会」からの脱出』岩波書店

労働運動総合研究所（2022）「『若者の仕事と暮らしに関する実態調査』結果報告」『労働総研クォータリー』No.121

書　評

―― 日本労働社会学会年報第34号〔2023年〕――

井口尚樹著

『選ぶ就活生、選ばれる企業
──就職活動における批判と選択──』
（晃洋書房、2022年、46判、230頁、定価2,800円＋税）

野村　駿
（秋田大学）

　かつて大卒就職の問題といえば、学（校）歴による就職機会の格差の問題であった。それが1990年代後半になって、長期経済不況を背景とした「就職できない」という大学から職業への移行問題に取って代わった。東京大学大学院人文社会系研究科に提出された博士論文をもとに上梓された本書は、さらに先の時点において、実際に就職活動に臨んだ50名の大学生／大学院生を対象にインタビュー調査を行い、主として就職活動を通した学生側の経験にアプローチしている。同じ時期に、学生の就職活動を論じた研究がいくつか出版されている（束原2021、妹尾2023）。本書はその中でも徹底して学生側の視点に立って、企業との相互行為に焦点をあてながら、現在の大卒就職のあり方を描き出している点に特徴がある。

　まずは、本書の概要を示そう。全6章＋付論で構成されている。

　第一章では、本書の学術的位置づけが明確にされる。企業による選抜を検討してきた先行研究に対し、本書では学生による選択に主たる関心を置く。就職活動での企業と学生とのミクロな相互行為から、単に選抜に適応するだけではない、学生側の反応に着目することが述べられる。

　続く第二章から第五章までが、学生の具体的な語りを用いた分析パートである。第二章では、企業との相互行為を通して、志望を形成したり変更したりする学生の事例が検討される。「企業は学生を選抜するが、その仕方は学生により観察され、選択に活用されている」（72頁）というように、学生は社員の様子や選考方法・基準を、職場環境を示すシグナルとして受け取り、自身の企業選択に反映させていた。企業による選抜と学生による選択がリンクする構造を描き出したとい

える。

第三章では、企業の選考基準に対する学生の認識について、「就職ゲーム」の概念からアプローチされる。その結果、日本の大卒就職では、5つのサブ・ゲームからなる「複合ゲーム」の様相にあることがわかった。①スペック・ゲーム（学校歴や専攻など履歴書上の情報が重要）、②ケミストリー・ゲーム（採用担当者との心理的つながりが重要）、③従順ゲーム（規則、慣習、要求に従うことが重要）、④コミットメント・ゲーム（応募企業に対するコミットメントの強さを示すことが重要）、⑤スキル・ゲーム（業務に求められる能力・技能が重要）である。それらに対する学生の批判は、評価基準の内容と評価方法の妥当性に向けられており、複数の基準が組み合わさる「複合ゲーム」の様相と企業対学生の相互行為上のルール（非対称性）が、学生に採用基準の予測を難しくさせている。

第四章では、就職活動から離脱した2名のケースが詳細に取り上げられる。一人は、自身のこれまでの取り組みが十分に認められず、「従わなければならないルール」（ex. 選考を受ける企業が第一志望であると伝える）を自覚しつつも適応できない中で、内定を得られずに就職活動を中断し、代わってインターンを経由した別のプロセスで内定を得た。もう一人は、就職活動の仕方、企業の選抜の仕方に対する疑問から民間企業一般への就職意欲を冷却させ、不採用が続く中で就職活動を中止し、別の進路として大学院進学後の公務員を目指すようになった。両者に共通するのは、一元的な序列と選抜のイメージの中で、それに乗り切れない自己が否定的に捉えられる一方で、それが相対化されたとき、より正当と思える別の選抜に移動している点である。これを「『探索型』の人間像」（169頁）と呼ぶ。そして、選抜や評価に関して、一方向的ではなく双方向的な、一元的ではなく多元的な認識枠組みの望ましさが主張される。

第五章では、内定獲得のために嘘や演技をする機会主義的行動をとらない学生に目を向ける。かれらは、内定獲得だけでなく、自身が適した仕事や企業を見つけることを目的として、ありのままの自己呈示を行い、自らの適性を見定めようとしていた（＝適職志向型態度）。既存の研究が機会主義的枠組みを堅持してきたとすれば、本章では機会主義的行動をとらない合理性の解明を通じて、機会主義的行動と適職志向型態度とを両輪とする枠組みを提示し、就職活動における学

生の自己呈示に新たな視角をもたらしたといえる。

　終章では、以上の知見を総括しつつ、今後の課題が3点と実践上の示唆が述べられる。特に実践上の示唆については、企業・学生双方におけるコスト（時間的・金銭的）の低減と良いマッチングの実現が、学生による選択の活性化を通じて同時に達成される筋道が議論されている。付論では、調査の概要と分析の手続きが詳細に記される。

　本書の何よりの貢献は、学生側の経験にアプローチすることで、これまで十分に描き出されてこなかった大卒就職・就職活動の重要な側面が明らかにされた点である。終章のまとめを借りれば、次の4点があげられる。第一に、選考や社員の様子を通じて、当初明確でなかった志望が形成されたり、当初の志望が変化したりしていた。第二に、学生の心理的負担や不満が、単に内定を獲得できなかったことによるのではなく、「選抜のあり方への納得の欠如」（204頁）が重要な要因となっていた。第三に、非認知的特徴に基づく評価が自己帰責や自己否定に通じるのみならず、選抜の正当性に対する疑問からより正当な選抜へと移動していくように、個人にとって批判・抵抗の余地があった。第四に、「この黙って移動する、という反応」（207頁）が企業の選抜の仕方を変える力を持ちうること、そしてそこに選抜・トランジションの社会学的研究が一定の役割を果たしうることが指摘された。

　このような知見の豊富さも相まって、本書では多くの概念が提起されていることも特徴である。「正当な選抜を求めての移動」（148頁）、「『探索型』の人間像」（169頁）、「適職志向型態度」（195頁）などである。これらの概念が先行研究に対して何を付け加えるのかが丁寧に説明されているため、今後の研究にも多くの示唆が与えられると期待される。

　そのうえで、疑問点を一つと、本書の議論からさらに浮かび上がる論点を二つ指摘したい。まず、疑問点として、本書では分析結果から就職活動が「ゼロ・サム・ゲーム」ではなく「プラス・サム・ゲーム」だとする指摘が二か所で行われている（72頁、200頁）。おそらく何らかの要素がトレード・オフではなく、加算されていくイメージで捉えられたものと推察されるが、「就職活動の像」（72頁）とするには、いま一つつかみ切れない印象を受けた。何がどのように「プラ

ス・サム」されているのか、それは就職活動全体を通した「プラス・サム」なのか、あるいは就職活動の諸段階ごとに「プラス・サム」の状況が見出されるのかなど、さらなる検討・整理によって、よりクリアに示すことができるように思われる。

　続けて論点に移ろう。一つ目に、本書では学生による選択に焦点をあてて、企業による選抜との関係が論じられている。そこにあるのは、企業対学生の構図である。もちろん、この構図をとることで、すでに述べたようなさまざまな知見が得られたわけだが、併せて学生対学生の構図も検討できるのではないだろうか。とりわけ、引用された調査対象者の語りを見ていくと、自分が正当だと思う選抜のあり方や、意識して取り組んできた、あるいは得意だと思う「就職ゲーム」の種類に違いがみられる。たとえば、第二章で検討されたノブは、志望動機よりも能力に基づく選抜を合理的とみなしていた（スキル・ゲーム＞コミットメント・ゲーム）。また、内定獲得のために嘘や演技をするなど機会主義的にふるまう学生がいる一方で、それを批判する学生もいる（サキ：90-91頁、フミ：128頁）。このように、学生間でどのように選抜に臨むか、あるいはどういった選抜がより正当かをめぐって争われるアリーナを想定すれば、5つのサブ・ゲームの関係も別の形で捉え直せるように思われる。

　もう一つは、本書で明らかにされた大卒就職・就職活動の特徴と社会経済的背景との関連である。この点については、今後の課題の2点目に言及されたものと関わる（「かつての大卒就職においても、探索的人間像は見られたのか、それともそれは近年の特定の変化に伴い生じてきているのか」209頁）。本書評の冒頭で、大卒就職問題の変遷に触れた。本書で対象となった学生たちは、2011年〜2016年卒（表A、220-221頁）と、いわゆる「就職氷河期世代」やリーマンショックよりも後、有効求人倍率が伸びはじめ、売り手市場に転じていった時期に就職活動を行っている。こうした社会経済状況が、かれらの就職活動のあり方をどれほど規定しているのかは、その前の世代との比較という意味でも、極めて重要な論点だと考える。それを明らかにすることで、探索的人間像がいかなる条件のもとで可能になるのかや（条件があるとすれば）、機会主義的行動をとる／とらない（とらざるを得ない）といった点も追究できるだろう。

　このように、学生による選択にアプローチしつつ、しかし企業による選抜をまったく無視するわけでもない、むしろ前者から後者の課題を浮かび上がらせる射程に、本書の新しさと意義がある。だからこそ、本書の知見は、常に先行研究と紐づけられて、新たな見方・考え方を読者に提供してくれる。その意味で本書は、大卒就職・就職活動に関心のあるすべての人におすすめしたい一冊である。

〔文献〕

妹尾麻美（2023）『就活の社会学――大学生と「やりたいこと」』晃洋書房
束原文郎（2021）『就職と体育会系神話――大学・スポーツ・企業の社会学』青弓社

—— 日本労働社会学会年報第34号〔2023年〕——

今野晴貴著

『賃労働の系譜学
——フォーディズムからデジタル封建性へ——』
（青土社、2021年、46判、333頁、定価2,200円＋税）

今井　順
（上智大学総合人間科学部社会学科）

1．はじめに

　日本社会を長く統合してきた企業主義というヘゲモニーを、言説の領域から崩し転換していく。労働問題の現場にいる著者が、これまでの戦いをふまえ、あらためて現状を分析し、企業主義社会統合の外からの運動への青写真を描く。それが本書の狙いであり、長所であり、多くの人を惹きつけるであろう理由である。刺激的な本であり、日本における労働運動の可能性について、新しい労働社会の展望について考えたいすべての人にとって、必読書である。

　ここではまず本書の内容をその構成に従って紹介し、その上でいくつかの論点を提示することとしたい。

2．本書の構成と内容

　本書は4部11章からなっている。第4章から第10章までの7つの章は個別に発表された論文を大幅修正したもので、冒頭の3章と最終章（第11章）が書き下ろされている。もっとも、各章間で事例や論点の重複も多く、全体の構成は必ずしも緻密に組み上げられているわけではないし、いくつかの概念の定義・用法もやや厳密性を欠くことがある。その上で、以下評者なりの理解に基づき、全体を紹介してみよう。

　第Ⅰ部「日本型資本主義と労働の現在地」では、ブラック企業問題がなぜなくならないのか、日本の労働者がコロナ禍下において制度（権利）があっても使え

ないのはなぜなのかと問いを立てる。理論的な検討から、労働が商品化される資本主義のメカニズム、物象化、労働社会の日本的特性が、その根源となっていると説く。そしてこのブラックな世界の存続と拡大は、膨大なワーキングプア層の形成と親和的で、学生アルバイトを巻き込み、近年は公共サービス部門（医療・介護・福祉・教育）にも広がっているという。この現状認識が、以下諸章のベースとなる。

　第Ⅱ部は「何が労働者を守るのか」と題されている。労働におけるコンプライアンスを論じた第4章では、労働者の法的権利は法律があるだけでは実効性を持たず、それを支える価値意識や共同性の必要性が主張される。ストライキが法的に禁止された時、労働者にストライキを打つ権利はないと言えるのか（88）という問いに、問題意識が集約されているだろう。ストライキの原理を論じた第5章がそれへの回答で、働くということは社会を支える日常的な機能を果たす行為であり、逆に言えばそれを止めることには社会の日常を止める力があることを指摘する。この力に基づけば、法的権利はなくとも、有効なストライキは打てるのだ。

　第Ⅲ部「何が社会を変えるのか」では、人々の共感を作り出す言説化の意義、労働運動における言説運動の重要性、そこから展望する新しい労働運動が語られる。その一例として、「ブラック企業」という言葉が問題意識の形成に果たした役割が説明される。まず、若年労働者が彼・彼女らを使い捨てにする企業についての苛酷な体験をSNS上に吐き出し、それが「ブラック企業」と語られることで、共感と告発の母体を作った。著者が組織するNPO法人POSSEはこれを戦略的に使っており、第7章では言説による社会運動の重要性が主張される。言説は、人々の経験を特定の問いの立て方に誘い、情動を動員し、敵対性の中に位置づける。だからこそ、現在のヘゲモニーを転換するには、対抗軸をしっかり設定する必要がある。派遣村はその嚆矢で、家計自立型非正規雇用労働者と貧困者が連帯した権利主張であり、企業の枠を超えた不公正を問題にし、市民に訴えかけたことには大きな意義があった。そして第8章の後半で強調されるのが、企業という枠を越える軸として職種であり、著者はそこに今後の共感と連帯の母体を見ている。

第Ⅳ部「ポストキャピタリズムと労働の未来」は、まず第9章で、今後の労働運動の主たる担い手が、企業主義社会統合の外に置かれた家計自立型非正規雇用労働者だと明示する。その戦略は、派遣村の反省を踏まえ、賃労働規律の支配に抗するもの、すなわち彼・彼女らの正社員化を求めるものであってはならないという。第10章はあらためて労働運動の歴史を概観し、そこには労働市場と労働過程という2つの規制領域が存在すると指摘する。今後重要なのは後者への介入で、職務を定義、労働を格付けする者が労働についての「知」を共有・管理するのであり、AI/IoTの発展を特徴とするポストキャピタリズムにおいて必要な戦略だと主張する。最終章は、大きな社会体制選択の中で、労働組合運動が果たし得る役割を展望している。①新自由主義、②社会民主主義、③デジタル/テクノ封建性、④コモンの再建、と示された選択肢のうち、④を目指すべきだという。その中で労働組合運動は、職務・再トレイド化を単位・組織原理とし、労働の「知」の共同管理によって自律性を保ち、住民・労働者のアソシエーションの基盤として、コモンの運営主体となることが期待されている。

3．いくつかのコメント

（1）労働運動を可能にする潜在的な力の広がり

　まず著者は、資本主義の原理の進展と産業構造のサービス化によって、労働運動を可能にする潜在的なエネルギーが社会に蓄積されているという。ワンオペで働く労働者の欠勤はそれだけで店舗を閉店させる力があるし、密接な協力の下極限までに効率化されたサプライチェーンは、生産労働の一角を担う労働者にすべての連なりを破綻させる潜在的な力を与えている。賃労働がケアワークに広がったことは、労働者が社会的再生産すらも止める力を持ったことを示している。現代日本の労働現場は、労働者にきわめて大きな潜在的・構造的権力（Schwartz1976）を与えており、その従順を前提とする体制はこの巨大な力に対して実は無防備だということになる。

　きわめて重要な指摘で、この認識こそが本書の大きな議論を支えている。であれば、POSSEの把握する事例の件数を整理したり、労働市場の全体像を示す

（政府）統計との関係を示した上で、特徴的な事例について深く紹介する工夫があれば良かっただろう。「マグマ溜まり」の社会的位置やエネルギーの大きさが、リアリティをもって読者に迫ったはずだ。

（2）労働者の潜在的力を解放するための言説

　マグマ溜まりを解放するカギになっているのが言説の領域における争点設定である。これは人々の間に認知的解放（McAdam 1982）を呼び起こす力がある。「ブラック企業」言説をめぐる議論には現実を動かした迫力が伴っているが、正社員化を目指すべきではなく、職務中心の運動に移行するという言説をどう立てるのか。現在の支配的文化の中で社会化される人々に気付きを与えオルタナティブに振り向かせるには、「日本的な資本主義」がどのように人々を不平等/排除の日常的秩序に縛り付けているのか、明らかにする必要があると感じた。

　そこで採り上げるのは、日本こそがもっとも資本主義的な社会だという見立てだ（41-45）。著者は、労働力の商品化にはそれに適合した文化が必要だとし、日本には資本への徹底した従属を自明視する賃労働規律が存在するので、最も資本主義的だという（69）。さもありなんとの印象もあるが、資本主義に対して順社会化されていることと、企業に対して従順に社会化されていることは、通常異なることだと理解されている。比較資本主義論によれば、日本はもっとも資本主義的と言うべきリベラル経済ではなく、非リベラル経済の代表として扱われている（Hall and Soskice 2001, Streeck and Yamamura 2005）。そもそも「商品化」は「脱商品化」の対概念であり、日本の正規雇用労働者は一定の脱商品化を達成した地位にある労働者だと考えざるを得ない。

　どのように脱商品化したのかと言えば、「日本では労働組合が企業別に編成され、強く個別企業と癒着した。彼らは労働者個々人の生存保障を求める代わりに、企業における地位の保全と経済成長に依存した社会政策を求める階級基盤となった」（215）という過程を経ている。ここで「癒着」したのは、西欧における階級ラインを解消して整理された正社員と使用者であり、地位の保全度合いや経済成長から得る恩恵、企業福祉のレベルは企業ごとに異なっている。ユニオニズムとは労働市場における「対外的独占」と「対内的平等」の規則を形成するもの

(246)、すなわち労使関係を介したシティズンシップ—平等と公正の秩序を打ち立てる運動だ。日本では、この動態が、単に従順な社員を作っただけではなく、企業規模・ジェンダー・雇用形態という変数が交錯し、ちょうど家計自立的非正規雇用者が包摂と排除の境界の外に立つような、(西欧的な階級ではない)不平等/排除の構造を作り上げてきた。

　賃労働規律への同調とそれを正当化する言説は、こうした不平等/排除を日常的に正当化・構造化してきた。日本型資本主義は純化した資本主義などではなく、むしろ経済的には停滞し雇用が劣化する中で、正社員には責任があるから非正規より恵まれた地位にあって当然だという言説を法（パート法→労働契約法）の地位にまで押し上げ、深まる不平等/排除の構造に人々を引きずり込み続けている（今井 2021）。オルタナティブな言説は、標準的雇用中心主義を離れ、この不平等/排除構造の正当化という磁場から人々を引きはがすものである必要がある。

4．結び

　著者は、1) 労働力の商品化が進む医療や介護の領域が士業の世界であること、2) 徹底したマニュアル化を経た様々な単純労働に企業を越えた職務の共通性があること、3) 正規雇用でジョブ型の労務管理が広がっていることに、「再トレイド化」の可能性があるという。これを単位に労働過程の知、職業能力をも労働者側が管理するコモンズの実現を期待している。能力の管理は「労働の格付け」でもあり、新しい（不）平等の形は提示されていると言えるだろう。新しい包摂（社会保障）については、今後著者の考えをぜひ聞かせて欲しいと思う。

　いくつかコメントは付けたが、劣化する現場に置かれた労働者と伴走する日常を抱えつつ、これまで支配的だった企業主義社会をより深く相対化する言説を求め、なおそれを人びとの実感と共振させようとする著者の努力が、きわめて貴重であることは言うまでもない。本評がその相対化の努力と、言説の精緻化に資することがあればと思う。

[参考文献]

Hall, Peter A., and David Soskice, 2001, *Varieties of Capitalism: The Institutional Foundations of Comparative Advantage*, Oxford University.

今井順, 2021,『雇用関係と社会的不平等：産業的シティズンシップの形成・展開としての構造変動』有斐閣.

McAdam, Douglas, 1982, *Political Process and the Development of Black Insurgency, 1930-1970*, The University of Chicago Pres.

Schwartz, Michael, 1976, *Radical Protest and Social Structure – The Southern Farmers' Alliance and Cotton Tenancy, 1880-1890*, The University of Chicago Press.

Streeck, Wolfgang, and Kozo Yamamura, 2005, *The Origins of Nonliberal Capitalism: Germany and Japan in Comparison*, Cornell University Press.

―― 日本労働社会学会年報第34号〔2023年〕―

法政大学大原社会問題研究所・鈴木玲編著
『労働者と公害・環境問題』
（法政大学出版局）

中根　多惠
（愛知県立芸術大学）

　本書は、これまで労働問題／運動研究領域と環境問題／運動研究領域が交差することなく別々に発展してきたことを背景とし、その結果生じた「ミッシング・リンク」（missing link）を結びなおし、その結びつきの可能性を学際的に探究することを目指すものである。評者は本書のタイトル『労働者と公害・環境問題』を一見し、労働者研究のひとつとして読むべきものという印象をうけたのだが、本書の内容はその射程をはるかに超えるものであった。本書は、労働社会学や環境社会学の研究者たちが領域を超え、国内外の豊富な事例と多角的なアプローチをとおして、労働運動と公害・環境運動を含めた運動アリーナ全体の力学の解明に挑もうとする大著であるといえる。

　公害・環境運動は、労働運動と同様に抗議型の運動である被害者運動や住民運動から発展しながらも、市民社会のなかで提案型の運動としてかたちを変えて展開し、のちに「新しい社会運動」とよばれるようになる。一方、階級闘争を前提とする対抗的運動として存在しつづける労働運動は、「新しい社会運動」の台頭によって「古い社会運動」として社会運動研究から対象として扱われなくなり、労働社会学の組合研究によって、社会運動研究とは独立したかたちで発展してきた。本書の編著者である鈴木玲は、かねてよりこうした系譜によって看過されてきた部分を社会運動ユニオニズムの視角から論じているが、本書のいう「ミッシング・リンク」も同様の問題意識を背景としたものではないか、と評者は解釈した。

　本書を特徴づけているのは、第一に、これまで環境社会学で議論されてきた「公害・環境問題」に労災や労働環境における問題を含めた広義の「環境」をあ

つかう点である。本書の問題意識は飯島伸子の被害構造論の視座から影響をうけており、労働問題としての労災と環境問題としての公害を「主たる加害源を企業とする社会的災害」(3頁) として相互に関連づけて論じようとする。そのため、本書のいう「環境」とは、地域住民にとっての居住環境のみならず、労働者にとっての労働（職場）環境をも含めた広義の「環境」をさしている。労働（職場）環境における安全面および衛生面の課題に取り組むうごきも含めた広義の「環境運動」ととらえ、そこに労働組合や労働運動の運動体あるいは政党といったアクターがいかにかかわるのかといった点が議論の中心である。さらに、こうした議論を可能にしているのは、たとえば運動のフレーミング（第1章、第6章）や組織間ネットワーク（第2章、第3章）といった社会運動論的変数を盛り込んだ分析であり、これが本書を特徴づける第二の点である。

　本書は、第1部「環境運動、住民運動との接点」(第1章、第2章)、第2部「職場環境と職業病への取り組み」(第3章、第4章、第5章)、第3部「政治・政策アリーナにおける対応」(第6章、第7章、第8章) の3部で構成されている。本書の最大の魅力は、すべての章で、人びとが環境問題と向き合い、連帯・運動することの困難性、（「政党」も含めた）それぞれの運動体のジレンマやゆらぎを含めた運動の力学がリアリティをともなって丁寧に描かれていることである。以下、各章の紹介をしていこう。

　第1章「『問うこと』から『応答すること』へ——労働運動はいかにして合成洗剤問題に関与したのか」(大門信也) では、「廃食油粉せっけん推進」の環境運動が、男性中心／対立型の労働運動体が、女性中心／市民型の環境運動の問いに応じるかたちで独自に展開されてきたことが明らかにされる。また、環境型／提案型と健康（公害）型／告発型のはざまでゆれる運動の「葛藤」の様子が、運動体としての労働組合や運動フレームの投企といったフレーミングへの着目によって紐解かれる。

　第2章「住民運動としての公害反対運動と労働運動」(江頭説子) では、岡山県倉敷市の水島コンビナート周辺で発生した大気汚染公害問題を事例とし、公害反対運動と労働運動の交差に着目している。ここでは、地区労内の組合間における

パワーバランスの変化を背景に、労働組合が運動の舵切りのなかで「『労働組合主義』をより強く主張し、組合員の雇用と生活を守る内向きの運動へと転換せざるを得ない状況」(71頁) におかれ、公害運動体との距離を戦略的に調整する過程が示された。

第3章「日本の労働組合の職業病・職業がん問題への取り組み」(鈴木玲) では、まず、地域住民による積極的な公害運動とは異なり、労働者の場合は工場への経済的依存度の高さなどの要因から、有害物質による職場の環境汚染や職業病の問題に消極的であったことが指摘される。そのうえで、労働組合や活動家が職業病問題に取り組んだ3つの事例について、取り組みに協力的ではない環境のなかでも、外部の専門機関や専門家による知識提供の協力を得ながら展開される運動が分析される。

第4章「韓国ハイテク産業における職業病と労働者の健康をめぐる社会運動」(金美珍) では、韓国を事例に、これまであまり認識されてこなかった「ハイテク汚染」による職業病 (ここでは半導体工場における健康問題) をめぐる運動が分析される。分析では、労働・市民団体が集まって設立された「パノリム」による運動が既存の社会運動組織間のネットワークを活用しながら資源を集め、労災認定をめぐる取り組みでは、被災者からの情報提供や専門家からの協力・支援を得られたことによって運動の成否に影響を与えたことが示された。

第5章「労働運動の職場環境への取り組みとその限界」(鈴木玲) では、北米の事例をとおして「労働環境主義」的な労働運動の「広がりにくさ」(148頁) の要因が分析された。その結果、有害物質やそれがおよぼす健康被害についての情報が労使間で不均衡であることが、労働環境主義の運動を広がりにくくしていた。また、職場での健康被害に不安を覚えながらも、賃金や雇用のために、職場の環境リスクを自ら受容せざるを得ない労働者たちの「アンビバレントな態度」も要因として挙げられた。

第6章「政党はどのような公害観を持っていたか」(友澤悠季) は、1970年代以降、社会問題化された公害に対して政党がどのような態度を示してきたのかについて、政党が発行した一次資料を用いたフレーム分析をとおして論じたものである。その結果、野党では、公害が表面化した時期に野党によって掲げられた

「いのちとくらしを守る」という命題が結果的に「豊かさ信仰」につながるという二律背反に陥っていたことと、住民の公害運動を支援することで支持を得ようとした一方、「公害を生み出す状況そのものの問題化」（200頁）までには至らなかったことが示された。

　第7章「1970年代における自動車排気ガス規制の再検討」（喜多川進）では、1970年代の排気ガスの規制強化をめぐって、「自動車排気ガス規制は、日本の自動車産業に大打撃を与え大量の雇用喪失を招くという見解」（雇用喪失説）が、排気ガスの規制強化反対の立場である企業や研究者によって利用された実態が明らかにされた。排気ガス規制をめぐる一連の論争からは、反対派が「『環境政策』対『雇用（あるいは経済）』」といった二項対立の図式」（232頁）に持ち込み、雇用の安定を優先させることで規制強化を延期・中止させようとする意図が読み取れる。

　第8章「労働組合運動と原子力発電所」（長峰登記夫）では、世界最大のウランの埋蔵量をもつオーストラリアに原子力発電所がないのはなぜかという問いを、労働組合運動と環境保護運動が活発であった歴史的背景をふまえながら紐解いていく。ウラン反対運動が国民の支持を得たことがその要因であるが、その背景には、運動のアクターである環境保護団体を支援する労働組合および労働党の影響があったことが明らかにされた。

　以上に紹介してきた本書の事例は、そのほとんどが1960〜70年代を切り取ったものである。当時の社会変動をめぐる研究はすでに数多く蓄積されてきたが、この時代を「社会運動の時代」と「公害の時代」の交差点として改めてとらえなおすことの新規性が、本書の独創性である。では、そのとらえなおしによって、「現代社会」における労働と環境を議論する可能性はどこに見いだせるだろうか。それは（「新しい労働運動」のありかたに研究的関心をもつ評者がひとつ挙げるとすれば）、従来の労働社会学がつねに議論の重心をおいてきた、経営者とたたかう労働者による運動――すなわち、階級闘争を前提とする抗議的な運動――から、不可知的で不確実性を帯びた環境リスクの恐怖とたたかう現代社会の労働者による運動――へのまなざしの転換、なのではないだろうか。本書で挙げられた

数々の事例——合成洗剤（第1章）、公害（第2章、第6章）、職業病を引き起こす有害物質や汚染（第3章、第4章、第5章）、自動車排気ガス（第7章）、原子力発電（第8章）はすべて不可知的で不確実性を帯びた環境リスクである。本書は、目に見えないリスクを前に、現代の労働者にとってどのような社会的連帯が可能になるのかという現代的な問いに対してさまざまな示唆を与えてくれる。

　たとえば、従来の労働運動分析では扱われなかった科学知／専門知という変数（第3章、第4章、第5章）への着目である。労働者が不可視的なリスクから身を守るためには科学的／専門的な知識が不可欠であり、本書においてもそれらの運動への影響が明らかになった。第3章では、「労働組合や組合活動家の職業がんの取り組みが企業内労使関係で完結しなかったこと」（83頁）が指摘され、専門的知識を提供する外部の専門家の協力の有無が運動の成否に影響を与えたという。また、第4章の事例である「パノリム」においてもさまざまな専門家との協力が労災の認定に重要な役割を果たしていた。

　その一方で、第5章では、有害物質や職業病に関する専門知識の理解や情報へのアクセスが経営側に制限される、情報の不均衡さが問題として取り上げられている。かつてU.ベックは、リスク社会は階級的不平等によって特徴づけられた産業社会とは異なる段階の社会であると主張したが、労使間のパワーバランスは環境リスクを前にしても依然として不均衡であることが読み取れる。また、本書の事例から離れるが、リスク社会における階級的不平等はCOVID-19のパンデミック状況下でも露呈した。パンデミックから派生したさまざまな「被害」は、本書の事例と同様、労働（職場）環境の課題を含めたグローバルかつローカルな環境問題である。パンデミックの状況下では、特定の労働に従事する者へのリスク分配の不平等、社会階級間の格差、国や地域間の格差など、さまざまな「被害」と「リスク」の不平等が顕在化した。こうしたリスク社会の不平等を是正するための運動として、第4章で取り上げられた「知る権利」をめぐる取り組み（129頁）は、環境リスクとその不平等な分配に立ち向かう労働運動にとって大きな可能性をもつのだろう。

　最後に、現代の労働運動と環境リスクの個人化の関係についてふれておきたい。本書が扱った時代と現代で大きく異なるのは、労働社会をとりまく状況である。

たとえば、第6章では、公害反対運動が「一定の組織的動員力がある労働組合と接点を持つことがある」（178頁）とあるが、いまの労働社会では労働組合（運動）の基盤は脆弱であり、動員力は限定的である。その一方で、現代の労働社会では環境リスクが個人化し、リスクの「被害」はそれを受けた側の自己責任とされ、個人的な問題へと転換されてしまう。こうした個人化する労働社会において、いかに集合的にリスクと対峙しうるのか——本書で得られた知見の先に、この問いが探求される必要がある。

［参考文献］

U.ベック（1998）『危険社会——新しい近代への道』(＝東廉／伊藤美登里訳) 法政大学出版局.

——— 日本労働社会学会年報第34号〔2023年〕———

堀川祐里著

『戦時期日本の働く女たち
—— ジェンダー平等な労働環境を目指して ——』

(晃洋書房、2022年、A5判、244頁、定価4,500円＋税)

大槻　奈巳

(聖心女子大学)

１．本書の目的

　著者の問題意識として、戦時期は現代社会のように女性が活躍することに期待が高まり、女性の役割について一国をあげて議論がなされた時期であり、戦時期の女性の労務動員についての歴史的・実証的研究から現在の日本にも通じる社会問題をみていくことは、いまを生きる私たちに何ができるかを考え、未来を展望するきっかけを与えるという。

　著者によると、本書の目的は、以下の3つの課題を明らかにすることである。第一に、女性が労働と生殖における両面で活躍を求められた戦時期日本において、階層や既婚・未婚などの女性労働者の属性の違いと、そこから生じる女性たちの労務動員に対する態度の多様性について明らかにすること、第二に女性たちを労務動員するにあたり政府によって講じられた方策とそれに対応して使用者が行った労務管理について考察すること、第三に女性労働の属性の違いに着目した研究者や女性指導者が戦時期の女性の労務動員に対していかなる活動を続け、どのような主張を行ったかを明らかにすることである。

　これらの課題を考察する分析視角として、筆者は戦時期の女性の労務動員の展開を戦時期に至る前から敗戦後への連続性に着目している。また、分析対象をさまざまな角度から考察しようとし、特に戦時期において女性たちを労務動員するにあたり、摩擦が生じた4つの側面から考察している。4つの側面とは、第一に、戦時期の労務動員が開始される前までは稼得労働を行っていなかった女性たちを労務動員するにあたり、稼得労働を避けようとする未婚女性やその家族と一方で

労働力の確保をおこなおうとする政府との間に生じた摩擦について、第二に、人口増産の任務を担うことが期待され育児を行いながらも同時に稼得労働もおこなわざるを得なかった女性たちに課せられたふたつの任務の間に生じた摩擦である。第三に、属性の異なる女性たちを労務動員することにより労働現場で女性同士の間に生じた摩擦、第四に、戦時期に女性労働者の労働力が重要視されるなか、女性労働者の取り扱われ方と男性労働者の取り扱われ方の間に生じた摩擦についてである。

２．本書の構成と内容

　本書は序章、第一章～第六章、終章の構成になっているが、その内容を紹介する。

　序　章　「戦時期日本の働く女たちに関する研究のこれまでとこれから」
　第一章「1920年代から1930年代の女性の就業状態──労働運動の指導者と研
　　　　究者の視点から見た働く女性たち」
　第二章「未婚女性の労務動員のための「戦時女子労務管理研究」──労働科学
　　　　研究所の古沢嘉夫の視点から」
　第三章「既婚女性労働者の困難－妊娠、出産、育児期の女性たち」
　第四章「女性たちの労務動員に対する態度の多様性と政府の対応策」
　第五章「赤松常子の主張と産業報国会の取組と齟齬──既婚女性の労働環境を
　　　　めぐって」
　第六章「戦時体制が残した女性労働者の健康への視点──生理休暇の現代的意
　　　　義」
　終　章　「戦時期日本を生き抜いた働く女たち」

　序章では、戦時期日本の働く女たちに関する研究－女子労務管理に関する研究、妊娠、出産、育児期の女性労働者に関する研究－を紹介している。
　第一章は戦時期に至るまでの女性労働者像について論じている。そのなかで、

日本労働総同盟婦人部の赤松常子が繊維産業を中心に稼得の必要性から働かざるを得ない未婚の女性労働者の劣悪な労働環境のための運動に注力したこと、また、労働科学研究所の研究者を中心として女性労働者の労働環境が及ぼす健康への影響について－女性の階層に着目した月経研究など－研究を蓄積していたことを述べている。

第二章では、1937年の日中戦争の開始は戦時経済への移行の契機となり、政府はそれまで稼得労働を行っていなかった未婚の女性たちを新たな労働力にしようとしたが、父母の不安を払拭する必要があり、重工業における労務管理研究が様々な担い手によって行われたこと、そのような状況の中、労働科学研究所の古沢嘉夫は労働環境に配慮されることなく酷使されていた既婚女性労働者の保護の視点をもって研究していたことが述べられている。

第三章では、既婚女性の労働環境について考察している。既婚女性のついた仕事は未婚女性に比べて重労働で肉体的負担が大きかったこと、母子保護法では子供の健全な育成を目的としつつ労働能力をもつ母親については稼得労働を要求していたこと、一方で出産や育児に関する問題は改善されていなかったと指摘している。

第四章では、未婚女性を動員するための女子挺身隊や勤労報国隊と労務動員が行われる前から働いていた「一般女子工員」「常用工員」の作業や待遇について論じている。使用者側が両者の待遇に差をつけていたが、警視庁が通牒を発したり、待遇や賃金の格差是正が指導された。一方で、労働を避けようとする女性を動員する女子挺身隊の結成は政府の思惑通りにはいかず、一般女子工員が徴用される女子の「現員徴用」が行われたという。

第五章では戦時期に女性労働者の労働力が重要視されるなかで女性労働者と男性労働者の間に摩擦が生じたこと、産業報国会女性指導者たちの主張と実際に産業報国会によっておこなわれた女性の労務動員に対する活動との齟齬について論じている。

戦時期の女性動員では、重工業に女性を従事させるために男性が行っていた作業を分割し簡易にしたが、これによって女性の労働の価値は低く留め置かれ、賃金も低く抑えられていた。赤松ら産業報国会中央本部の女性指導者たちは女性労

働者が技術を身につけられるように「技術教育、職業教育指導」を主張したが、実際に産業法国会によって養成された「女性指導者」に求められたのは母親代わりとして未婚女性の「生活指導」をすることだったという。また。「技術教育、職業教育指導」を主張する立場が大きな影響力を持つには至らないなか、赤松は妊娠、出産、育児期にある女性労働者の労働環境の改善を主張するようになるが、戦時下で実現することはなかったという。

　第六章では、戦時期の女性労働者の労働環境を変えることは難しかった労働科学研究所や赤松の活動は敗戦後に生理休暇の制定という形で実を結んだと論じている。赤松はアメリカと比較して女性労働者の「適正配置」事情が異なることを主張し、日本には生理休暇が必要だと訴えたが、生理休暇制定の後も女性労働者の労働環境の改善を主張したという。赤松が生理休暇制定にあたり重要視していたのは、女性労働者の労働環境改善や健康を害したときの休養・休暇の取得など労務管理の改善であったと著者はいう。

　終章では各章の内容と冒頭で述べた本書の3つの課題について明らかになったことを検討している。3つの課題に対応させて整理すると、著者は、第一の課題については、戦時期には獲得の必要性により労務動員の対象ではないにもかかわらず稼得労働を行っていた女性が存在し、また、労務動員の対象とされても応じなかった女性がいたこと、第二の課題については、政府はその政策に従って労務管理を行うと同時に、稼得労働を行う女性の中でも、既婚女性位は稼得労働と世代の再生産の二重の期待をかけていたこと、第三の課題については、研究者や指導者は稼得労働と生産の再生産の両立を行う既婚女性の労働環境の問題点を指摘したが、労働環境への配慮は不十分なままであったと述べている。

3．本書の意義

　冒頭に述べたように、筆者は歴史的・実証的に戦時期の女性の労務動員について考察することで、現代社会に生きる私たちに何ができるかを考えさせ、未来を展望する示唆を与えることを本書の意義と述べているが、評者が大きな示唆を得たことを紹介したい。

　先にも述べたが、本書では労働科学研究所を中心とした女性労働研究に従事した研究者たちや労働運動の女性指導者であった赤松常子について論じ、特に日本の労働基準法に「生理休暇」が制定された過程について考察している。著者は、「女性労働者の利用する制度や措置について論じるときに、それがセックス（生物学的性差・性別）に由来するものか、ジェンダー（社会的・文化的な性差・性別）に由来するものかを明確にする姿勢がいまだ根付いていない」と指摘する。そして、女性の生物学的性差に基づく休暇や措置、特に生理休暇が人々の関心を集めることは稀ではあり、月経と労働の関係性を含めた女性労働の健康管理に関する議論が深まらないのは、女性労働研究がいまだ女性労働者の現実に迫り切れていないからという。著者は、日本の労働基準法に生理休暇が定められたその制定過程について分析することを、現代女性の健康に関する議論を進める手始めと位置づけている。

　女性労働者の利用する制度や措置について論じるときに、それがセックス（生物学的性差・性別）に由来するものか、ジェンダー（社会的・文化的な性差・性別）に由来するものかを明確にする必要があるというのは重要な指摘である。

　評者が興味深いと思ったのは、戦時期の女性動員において、重工業に女性を従事させるため男性の行っていた仕事を分割し簡易化する方策がとられ、これによって女性の労働の価値は低く留め置かれ、賃金も低く抑えられたこと、女性労働者が技術を身につけられるように赤松らが「技術教育、職業教育指導」を主張したが、産業法国会に養成された「女性指導者」に求められたのは母親代わりとして未婚女性の「生活指導」をすることだったという点である。

　現在の女性労働のあり方を考える示唆を得られる一冊であり、一読することをお勧めしたい。

永田大輔・松永伸太朗著

『産業変動の労働社会学
──アニメーターの経験史──』

（晃洋書房、2022年、A5判、230頁、定価4,200円＋税）

田中　慶子
（広島修道大学）

1．はじめに

　書評に入る前にあらかじめ断っておきたいことがある。評者はこれまでアニメ作品を見る機会があまりなかったので、アニメ作品ならびにアニメ産業の事柄に精通しておらず、アニメーターについても具体的にどのような仕事をする人なのかといった知識も持ち合わせていない。そのため、評者には本書を十分に理解する知識が欠けており、不適切な解釈や誤読による見当違いの書評になってしまう可能性があるということである。

　例えば、本書の86〜91頁には、テレビアニメ制作者たちがアニメ作品名を出しつつ制作過程を語る座談会の会話が引用されていたり、また大衆的に著名で作家性の高さが認められているという細田守監督の語りが出てきたりする。しかし、評者は、その引用された座談会に出てくる作品も知らないので、細田守監督に対するイメージすら浮かばない。本書にそれらの作品の特徴や細田守監督の作家性の高さに関する紹介および説明が見つからなかったことから、その対談内容や語りを理解し難かった。だからアニメに精通している者ならば、著者が紹介しなくとも十分に認知されている作品および監督なのだと推測した次第である。アニメ事情に疎すぎるにも関わらず書評を引き受けてしまったことを申し訳なく思う。

　ちなみに、評者が観たNHK『プロフェッショナル 仕事の流儀』で2013年放送の宮崎駿と2021年放送の庵野秀明に関する番組には、原画および動画を担当するアニメーターの仕事ぶりも映し出されており、評者のアニメーターに対する貧弱なイメージはこれくらいだ。

このようにアニメ産業に大変疎い評者であるが、本書はアニメ作品がどのような労働の担い手によって制作されていくのかという手順が記述されており、アニメーターの職業とはどのようなものか、アニメ業界の雇用条件・状況などについても詳細に記述されている。よって、アニメ業界に精通していなくともアニメ業界の労働環境やアニメーターの職業ならびに職業観について知ることができるため、アニメ産業について研究したい人および今後アニメーターになりたい人にとってはバイブルだといってもよいだろう。

2．本書の構成

さて、本書は永田大輔と松永伸太朗による完全な共著であり、3部構成となっている。第I部が「理論・方法編」（第1章～第4章）、第II部が「1980年代の産業変動と経験史」（第5章～第7章）、第III部が「2000年代以降の変化と産業の維持」（第8章～第10章）で、全10章（序章と終章を入れれば12章立て）にわたる大作である。

本書の目次の構成は以下である。

序章　アニメ産業における変動と「生活者」としてのアニメーター
　　　―産業変動の中のフリーランサー―
第1章　アニメ産業の概要―既存調査から見る労働現場―
第2章　アニメ産業の変容史
　　　―「ポスト・フォーディズム」化するアニメ産業―
第3章　文化産業・コンテンツ産業におけるアニメーターとそれを見る視点
　　　―ネットワーク型組織の中で働き続ける労働者―
第4章　フリーランサーの経験史
　　　―産業変動におけるキャリアの社会学的記述―
第5章　多様な表現を可能にする制作者の労働規範の変容
　　　―アニメブームにおける「同世代ネットワークの形成過程」―
第6章　アニメ制作者にとって「実力」とは何か

　第1章では、アニメ産業の特性とアニメーターの働き方の概説、なかでも現在の労働条件を中心に紹介されている。

　第2章では、アニメがどのように産業化していったのかという歴史について記述されている。現在のアニメ産業が産業として成立するまでの歴史を先行研究（東映動画・テレビアニメ・OVAという流れとアニメブームのファンを事例としたもの）を用い、アニメファンである消費者の要求に応えるアニメ産業の受注産業の側面を浮かび上がらせている。

　第3章では、アニメ産業が受注産業という不安定な状況に対処するアニメーターの特性に着目し、フリーランスのアニメーターがプロジェクトベース雇用の中、どのように労働スキルを身につけ、同業者評価を得ていくのかについて論述されている。

　第4章では、アニメ産業における労働者の中核を占めるフリーランサーがアニメ産業内に定着・キャリア継続を可能にしている仕組みを分析するために、産業変動のキャリアのもとでのキャリアの記述方法として、アニメーターのインタビューデータをエスノメソドロジーという方法を用いることの必要性について述べられている。

　第5章では、1980年代のアニメブームに伴ってアニメ産業の量的な増産と受容者層が多様化し制作する作品が質的に変容する過程にあったことに焦点を当て、その労働過程の変容について当時の雑誌資料から制作者の労働規範の変容（商業主義になったことからアニメーターの職業観が職人と作家という対置する形に分かれていく変容）について分析されている。

　第6章では、1980年代に形成されたアニメーターの労働規範からアニメ制作者のキャリア展望がどのように分化し、誰に対してどのように自らの能力を提示しているか・アニメーターの同業者たちが自身のスキルをどのようにはかるかについて論じられている。

　第7章では、1980年代のアニメーターがフリーランスでありながらどのようにキャリアを積もうとしたかというキャリア戦略について、アニメーターのインタビューデータから職業観に焦点を当てつつ分析されている。

　第8章では、アニメ産業で近年起こりつつある「デジタル化」について、経済産業省がアニメ産業の効率化をはかるためにデジタル化導入を推奨することへの批判的検討がなされている。とりわけ、アニメ制作現場の制作進行業務はアニメーターと対面での仕事のやりとりや交渉が行なわれるものであり、アニメーターはそこで構築される人間関係によって仕事を得ることから、デジタル化が導入されるとアニメーターの人間関係および仕事を得る際のネットワークに支障が出て安定的に仕事を確保することが困難になる可能性を指摘している。

　第9章では、アニメ業界で高い評価を集めているというベテランアニメーターの語りを中心として、アニメーターがデジタル化等の技術変容をどのように経験し、対処しているかに着目して論じられている。語りから、ベテランであってもデジタル化への対処を模索し続けていることが明らかであるために、デジタル化の推進によってアニメ産業を支える労働力が確保できなくなる可能性を提示している。

　第10章では、制作者との関係の変化や工程分業の変化・深夜アニメが中心となることによる放映期間の短期化等の現在起こりつつある多様化を、現在のアニメーターがどのように経験しているかについて明らかにされている。特に放映期間の短期化によって、若手アニメーターが自身の実力と信頼を獲得するためのコ

ミュニケーション・ネットワークが希薄となり、「周りと仲良くなれない」など相互評価が機能しなくなるといった問題性について述べられている。

3．コメント

　アニメ産業は低賃金かつ過重労働で、アニメーターは「やりがい搾取」のなか働いているとされる一方で、本書で登場するアニメーターの語りからは「やりがい搾取」という問題性だけでは捉えられない労働現場であることが示唆されている。

　若手アニメーターの語りに「みんな、アニメを描いて暮らしていくっていうことが、自分が一番望んでいることなんで……月15万円あれば普通に暮らしていけるわけですから、第一、それだけもらえればいいんですよね」(188頁)「今の段階では、仕事をくれるだけで、ありがたやっていう状況って、ちょっと先のこと考えることどうなのかなと」(189頁)とあり、フリーランサーゆえに出来高制の労働状況であることから「やりがい搾取」の問題以前に、仕事を得る機会をいかに獲得するかが問題になる。著者も「搾取されるアニメ制作者とは異なる労働者像を描くことに注力してきた。本書がむしろ描いてきたのは、同業者ネットワークを組織し、コミュニティの中で相互評価に基づくスキル形成や助け合いを行いながら長期的なキャリア形成を行うアニメーターという労働者像である」(198頁)と記している。

　フリーランサーのアニメーターが抱える労働上の困難 ― 仕事を獲得できるか否か、仕事（絵）に対する評価の不透明性とキャリア形成の困難さ、作品を短期間で制作してすぐ解散するプロジェクト型の働き方など ― は、他の職種の労働にも当てはまるといえよう。例えば、非正規雇用の派遣労働者がそうである。派遣労働者もアニメーターと同じく労働期間が限られており、職種も専門職で雇用された場合にはその場面毎に求められるスキルを身につけ、派遣先会社の職務要望にフレキシブルに応えられるよう常にスキルアップを目指し、派遣先会社からの評価を得ることで雇用の継続（派遣会社から同じ若しくはより良い条件の派遣先企業を紹介されることもある）がなされる。その反面、専門職としての技術が

足りないと評価されれば契約更新がなされず、派遣会社から次の仕事の紹介を得られない。また、派遣労働者同士も労働現場でコミュニケーションをはかり、どこの派遣会社が良い条件の仕事を紹介するか、どこの派遣先企業が働きやすいか、どのようなスキルを身につけるべきかなど情報を共有して、自身の雇用が安定しやすい環境やスキルを発揮出来る派遣先企業を探そうとする。

　すなわち、アニメーターの労働現場で起きている雇用の不安定さなどの問題は、アニメーター特有の問題というより、現代社会における自営業者や非正規雇用で働く人々が抱える問題と根底は同じであると考えられる。ある職種を事例に労働問題を捉えようとすると、場合によってはその職種特有の問題として考えられてしまい、労働問題の俎上に載らないことがあるが、どの職業にもそれぞれ特有の専門性や労働環境がある。労働問題を捉えるためには、職に対する偏った見方をすることなく、普遍性を伴った分析を行なう必要性があるだろう。そういった点において、本書のフリーランスのアニメーターの労働は現代社会が抱える雇用の不安定さを見てとることができる。

　最後に、門外漢の評者による蛇足であるが、「デジタル化の導入」に関して、著者は否定的な見解を抱いているように感じられた。現行のアニメーターたちが仕事を継続するという視点に立てばそうかもしれない。けれども、産業変動の方向性からは、デジタル化を避けることは不可能であり、雇用の継続から篩いにかけられる者もいれば、リアルな人間関係の構築を煩わしいと感じていた者が新たにアニメーターとして参入してくることもありうるのではないか、と思ってしまうのは評者の思い違いなのだろうか。

—— 日本労働社会学会年報第33号〔2022年〕——

宮下さおり著

『家族経営の労働分析
—— 中小企業における家父長制の構造とジェンダー —— 』

（ミネルヴァ書房、2022年、A5判、266頁、定価6,600円＋税）

渡辺　めぐみ
（龍谷大学）

　本書は、小規模企業を中心とした中小企業における家族経営についてジェンダー視点からの分析を行い、新たな社会理解のモデルを示すものである。

　本書が指摘するように、労働社会学は主に雇用労働者を対象としてきており、自営業層の研究は量的には少なかったといえる。この背景には、自営業層が「資本家階級と労働者階級のどちらかに分解し、いずれは消滅していく働き方であるとする想定」(p.5) が根強かったことが挙げられる。

　しかしながら、高度経済成長期を経ても零細経営は消滅することなく存続し続けている。この理由として、家族従業者、すなわち女性の低報酬・無償労働がかかわっていると言えるが、そのメカニズムの解明を目指し、厚みのある実証研究としてまとめられたのは、本書が初めてであるといえる。日本の自営業におけるジェンダー研究の分野において、最初に手に取るべき一冊といえるだろう。

　本書は、「中小企業の経営者とその家族はどのように働いてきたのか。経営者家族の内部では何が起きていたのか。彼らの労働はどのように評価され、認められてきたのか」(p.12) を中心的な課題とし、絹人絹織物業や自営業の家族における既存の実態調査と、独自の聞き取り調査データ（東北調査地・北陸調査地）をもとに、「男性と女性の主観的世界」(p.12) を描き出そうとする。当事者の生きられた経験に着目するため、春日キスヨのフェミニスト・エスノグラフィーとフェミニスト・フィールドワークによって、「帰納法的に事実から社会を解明していく方法」(p.14) をとっている。自営業におけるジェンダー視点に基づく先行研究が少ないなかで、このような方法論は適切であるといえる。

　以下、それぞれの章について紹介していく。

　第1章「織物業とその経営者世帯の構造」では、絹人絹織物業を対象とし、その概観を示している。織物業を営む経営体の構造については、調査地において、農業と兼業していることが多く、多くが個人事業で法人化の事例は限られており、労働力の構成から見る家族の比重については、小規模家内工業から中小工場制までの幅があったが、ほとんどは夫婦で営まれ、かつ複数の世代が従事していた。雇用の場合も採用条件は緩く近隣から調達し、経営者家族は離職や欠勤などに対応する必要があったという。

　第2章「織物業を営む家族の働き方」では、経営者・家族従事者と雇用労働者がどのように組み合わさって織物業を支えてきたのかを主に聞き取り調査データによって類型別に解明している。まず、家族従業者のみ、または雇用労働者がいても2人以内という類型においては、「男性経営者は織機の保全（調節）の仕事をはじめ、織布、検反など、基本的に必要な現場から離れられなかった。女性家族員もまた、織機の保全以外のすべての業務に従事」（p.59, 60）するという働き方をしており、女性家族従業者がいないケースは例外的であったという。次に、男性工員を雇わない小規模機屋の類型の事例では、経営者夫婦は従業員以上に長く働き、妻も様々な現場労働に携わった。雇用者を多数抱える機業の類型の事例では、女性家族員は、納期に間に合わせるために「雇った人が辞めずに働いてくれるよう、常に職場で気を配り、辞めようとする人を慰留し、人が必要であれば探」（p.75）すという仕事が求められた。経営者の妻は家族従業者として様々な課題をこなし、現場労働者かつ現場監督者であり、事業において大きな比重を占めていたという。

　第3章「家族に対する報酬の配分とその行方」では、このような女性家族従業者の労働の成果について、金銭的報酬に着目している。まず、自営業における家族従業者が低報酬・無報酬に置かれてきたことの背景として、戦後の税法が自営業の家族に対して世帯単位原則を取っており、事業主の家族に対して報酬を認めてこなかったことを確認している。「労働法が家族従業者の保護を行わず、税法はその労働を原則無償とし、報酬を抑制して」（p.85）きたのであり、これに対し制度の変更をめざす運動も行われてきたことも示している。本章では聞き取り調査データから、女性家族従業者の報酬について4つの類型──1）報酬が支払われ

ない、2）小遣いを渡される、3）報酬は支払われないが家のお金に対して裁量を持ち自由に使うことができた、4）給料を支払われて厚生年金や個人の財産形成につながった――の4つを見出している。しかし、支払われた給料も事業主のもとに回収される可能性があったという。また、「企業に支払い能力がないから家族従業者に報酬は回らない」とはいえず、たとえ零細経営であっても借金も含めて手元で動かす金銭の額は多額であり、「金銭の流し方にはさまざまなやり方があり得た」（p.109）と指摘している。

　第4章「男性経営者の世界とその帰結」では、男性経営者が事業に投資していった背景を理解するために、彼らの主観的世界を聞き取り調査から明らかにしている。その結果、第一に、「家」を継承する立場を引き受け、家産を引き継ぎ、親の見守りや扶養をすること、そして子供の教育費、年長世代ではきょうだいの教育費のために働いていたことを明らかにした。しかしそれよりも、「経営拡大しない経営の在り方を時代に合致しない、劣ったものと捉える理解」（p.146）があり、「男のロマン」（p.138）のために「機械を増やしたい、工場を大きくしたい」（p.140）と借入金を抱え、経営者とその家族の労働負担が増大したことを指摘している。

　第5章「妻たちの労働観と再生産領域における役割」では、男性経営者とその妻たちへの聞き取り調査データに基づいて、経営者の妻たちの階層的なバックグラウンド及び労働観、ケア労働との関わりを明らかにしている。まず、労働観についてみると、「若い女性はまめに働いて当たり前という文化が比較的豊かな層にもあり、まめまめしく働くべきだという価値観は、比較的広範囲に共有されていた」（p.175）という。次に、結婚については、配偶者選択に親の介入がみられ、家業に携わることができる人物であることが強く期待され、さらには経営者夫妻として地域の公的な役職に就いて取りまとめができることが求められることもあった。自由結婚であっても親の意向や親を納得させることが必要であったという。また、調査対象者たちの家族は多世代同居であり、高齢男性による子守を除いて、再生産労働は女性の役割であり、家事使用人がいたケースはあっても、青・壮年男性が日常的に家事・育児・介護をすることは少なかったという。しかし、女性たちは多くの時間と労力を事業に費やしており、ケア労働の調整は難し

いものであった。

　第6章「事業に対する妻の思いと責務」では、事業経営における妻の位置の類型を踏まえて、既存の調査データ及び聞き取り調査データに基づいて、彼女たちの事業への思いを明らかにしている。まず、上位者が妻をどう位置付けるかによって妻の事業へのかかわり方が規定されていた。「所有と経営を分離せず、家族が承継する方針を採用する企業の経営者にとって、妻の経営関与はリスク管理と言う点から見れば好ましい」という方針を持っていれば、経営を補佐し、有事に後を託される妻となった。一方、そのような才覚が求められず、「言われたことをする存在」として扱われることもあった。そして、女性たちが経営に関する情報を得るルートがあるかどうかについては、家族における上位者や夫の上記のような考えに左右されていたが、彼らの意図に関わらず、機屋が置かれた生産構造上の位置にも左右され、規模が大きければ積極的に聞かされなくても察することができる契機があった。このような中、ある妻たちは経営の補佐役として、あるいは一つの要として自己を位置付けたが、経営に関する情報から疎外され、そのような感覚を持てない妻たちもいた。前者の場合は、人を雇う側として従業員に対して様々な配慮を行っていたが、それでも自らの努力を公言することは出来なかったという。そして、このような当事者の自らの意味付けに関わらず、事業に駆り出され、事業主が抱えた負債は家族ぐるみで責任を負わされる、すなわち夫が決めた投資の責任から妻がのがれることは出来なかったと指摘する。

　終章「事業を営む人々の側に立って社会を見る」では、まず、経営者家族が大きなストレスと長時間労働を行いながら努力をして「分厚い雇用を創出し、全体として低コストで労働力を提供し、中小企業セクターを広範に維持」してきたこと、次に、経営者家族におけるジェンダーについては、女性が働くことが当然のように要求され、受け止める労働文化があり、一方、事業を支えた女性たちの労働は見えづらかったことが指摘された。また、家族従業者の労働報酬については、戦後日本における家族経営の女性従業者を中心とするアンペイドワークは、私的領域の家父長制であるだけではなく、税制が示す実態に合わない経営者観に基づいてもたらされており、女性たちの訴えを無視する体制こそが家父長制であると述べる。さらに、「雇用と自営の中間にあるとされる人々をどちらかに切り分け、

『労働者』として保護しようとする道筋」(p.236) ではなく、「事業主やその家族の労働報酬をどのように認め、社会保障システムに組み入れるのかを含めた、自営の適切な取り扱い」(p.237) を視野に入れることを提言している。

　以上のように本書は、調査対象者の主観的世界に基づいて丁寧に描かれた分厚いモノグラフである。評者が敢えてコメントをするならば、次のとおりである。まず、第1章については、前半部、既存の調査データを発掘して精密な分析を行っているなかで、聞き取り調査データによる補足情報が入っているように見受けられた。このような概説については従来の慣行ではどの聞き取りデータかを示してこなかったと認識はしているが、場合によっては対象者の主観にばらつきがある可能性もあるので、今後は注で言及してもいいかもしれない。第2章は、規模類型別のケーススタディが行われており周到な分析である。第3章は、家族労働に対する金銭的報酬について税制の丁寧な分析がなされており、さらに、女性家族従業者への報酬が粗収入の大きさに左右されるという天野正子の研究よりさらに踏み込んで、投資も含めた金銭の流れに着目した点も当該分野における大きな貢献である。第4章で示している経営主の投資行動の理由を男性の主観的世界から描いていることも大変興味深いと言える。ここで示されている「男のロマン」について、男性性研究の理論を援用すれば、夫婦のジェンダー関係の分析がより深まる可能性があるのではないだろうか。第5章、第6章の経営者の妻たちの労働観、事業における位置づけと当事者の思いについては、女性たちの受けている制約と、当事者の主観的世界と事業への貢献についての全体像が描かれており、自営業における女性労働研究の現在における一つの到達点と言えるだろう。

> 日本労働社会学会奨励賞選考委員会（2021，著書の部）
> 選考結果

1．受賞対象作

本委員会の委員3名（京谷栄二会員，鈴木玲会員，山下充会員）で検討した結果，以下を著書の部における奨励賞受賞対象作とする。

跡部千慧『戦後女性教員史——日教組婦人部の労働権確立運動と産休・育休の制度化過程』2020年，六花出版。

2．受賞理由

本書は，女性の継続就労，女性教員研究に関する先行研究を丹念に検討し，主題を結婚・出産後の女性教員の継続就労を可能にした産休代替教員法と育児休業法の成立にかかわる日教組婦人部の活動を中心に分析している。

本書は，主に文書史料に基づく歴史研究で，保護者や労働者，農業従事者などの諸階層との連帯，マルクス主義，社会主義や女性解放運動に影響を与えたイデオロギーや，政党政治との関係も分析している。また，法制化の過程を通して，労働運動および労働組合におけるジェンダーの再生産と変容を，運動方針の形成にかかわる多様な主体，諸勢力の複雑な相互関係を通して歴史的に再構成している。

本書は，歴史の再構成の手法として，基本的には史料研究でありながら狭隘な歴史アプローチに陥ることなく，社会学的な対象へのアプローチがおこなわれており，過去における社会的事実の構成を緻密な分析と，運動体が持つ活動が，組織の成員のみならず組織環境との様々な相互行為（関係）のなかで立ち現れる様を描きだしている。筆者の歴史を再構成する力量に敬意を表したい。論争的なテーマに正面から挑み，そこに新たな解釈を提示できていることは，高く評価さ

れるものである。先行研究に対する内在的な批判と，それを乗り越える構想が，確かな実証によって裏付けられており，満場一致の受賞となった。

　なお本書では，当時の関係者への聞き取りデータも用いられているものの，中心的な分析は史料に基づくものである。多様な人々と組織の相互関係や運動理念の変遷については，オーラルヒストリーデータを用いることで，さらに多くのことを明らかにできるのではないかと考えられる。著者のさらなる研究の発展に期待したい。

日本労働社会学会奨励賞選考委員会（2022，著書の部） 選考結果

1．受賞対象作

本委員会の委員3名（京谷栄二会員，鈴木玲会員，山下充会員）で検討した結果，以下を著書の部における奨励賞受賞対象作とする。

松村淳『建築家として生きる──職業としての建築家の社会学』2021年，晃洋書房。

2．受賞理由

本書は，社会学の分野でこれまで十分な研究が見られなかった建築家について、資料と聞き取り調査に基づき解明した意欲的な著作である。ブルデューの理論に立脚しつつ，専門職のエートスに着眼し，専門家集団の階層的な規範秩序を界として捉え，建築家の語りを通して仕事意識と職業アイデンティティのあり方を追究している。著者自身の経験をも分析対象として客観化しつつ、丹念なインタビュー調査を本に建築家の多様な世界観の有り様に迫っている点が本書の最大の魅力である。とりわけ、マクロの社会変動と建築家のエートスとの関わりを論じている点は労働社会学のアプローチに新たな可能性を示すものとして有望な視点であり，その分析に成功していると思われる。従来の労働社会学が、組織労働者を対象としていたのに対し、本書が専門家の労働社会学について積極的な貢献をしている点は高く評価できる。他方で、課題としては、明確な理論的フレームワークが、語りの多様性の解釈を制約している面があるのではないか，年代区分が国内の社会経済的発展と必ずしも整合的ではないのではないか，さらには建築家が他の職種とどう関わってきたのかなどについて、著者独自の考察をより踏み込んでも良いのではないかとの意見もあった。以上の意見はあるものの委員全員

が一致して本書の労働社会学への大きな貢献を評価した。著者のより優れた研究
を期待し，ここに奨励賞に推薦するものとする。

日本労働社会学会会則

(1988年10月10日　制定)
(1989年10月23日　改訂)
(1991年11月5日　改正)
(1997年10月26日　改正)
(1998年11月2日　改正)

[名　称]

第1条　本会は、日本労働社会学会と称する。

　2　本会の英語名は、The Japanese Association of Labor Sociology とする。

[目　的]

第2条　本会は、産業・労働問題の社会学的研究を行なうとともに、これらの分野の研究に携わる研究者による研究成果の発表と相互交流を行なうことを通じて、産業・労働問題に関する社会学的研究の発達・普及を図ることを目的とする。

[事　業]

第3条　本会は次の事業を行う。

(1)　毎年1回、大会を開催し、研究の発表および討議を行なう。

(2)　研究会および見学会の開催。

(3)　会員の研究成果の報告および刊行 (年報、その他の刊行物の発行)。

(4)　内外の学会、研究会への参加。

(5)　その他、本会の目的を達成するために適当と認められる事業。

[会　員]

第4条　本会は、産業・労働問題の調査・研究を行なう研究者であって、本会の趣旨に賛同するものをもって組織する。

第5条　本会に入会しようとするものは、会員1名の紹介を付して幹事会に申し出て、その承認を受けなければならない。

第6条　会員は毎年 (新入会員は入会の時) 所定の会費を納めなければならない。

　2　会費の金額は総会に謀り、別途定める。

　3　継続して3年以上会費を滞納した会員は、原則として会員の資格を失う

ものとする。

第 7 条　会員は、本会が実施する事業に参加し、機関誌、その他の刊行物の実費
　　　配布を受けることができる。

第 8 条　本会を退会しようとする会員は書面をもって、その旨を幹事会に申し出
　　　なければならない。

　　[役　　員]

第 9 条　本会に、つぎの役員をおく。

　　(1)　代表幹事　1 名

　　(2)　幹　　事　若干名

　　(3)　監　　事　2 名

　　役員の任期は 2 年とする。ただし連続して 2 期 4 年を超えることはできない。

第10条　代表幹事は、幹事会において幹事の中から選任され、本会を代表し会務
　　　を処理する。

第11条　幹事は、会員の中から選任され、幹事会を構成して会務を処理する。

第12条　監事は、会員の中から選任され、本会の会計を監査し、総会に報告する。

第13条　役員の選任手続きは別に定める。

　　[総　　会]

第14条　本会は、毎年1回、会員総会を開くものとする。

　　2　幹事会が必要と認めるとき、又は会員の3分の1以上の請求があるときは
　　　臨時総会を開くことができる。

第15条　総会は本会の最高意思決定機関として、役員の選出、事業および会務に
　　　ついての意見の提出、予算および決算の審議にあたる。

　　2　総会における議長は、その都度、会員の中から選任する。

　　3　総会の議決は、第20条に定める場合を除き、出席会員の過半数による。

第16条　幹事会は、総会の議事、会場および日時を定めて、予めこれを会員に通
　　　知する。

　　2　幹事会は、総会において会務について報告する。

　　[会　　計]

第17条　本会の運営費用は、会員からの会費、寄付金およびその他の収入による。

第18条　本会の会計期間は、毎年10月1日より翌年9月30日までとする。

［地方部会ならびに分科会］

第19条　本会の活動の一環として、地方部会ならびに分科会を設けることができる。

［会則の変更］

第20条　この会則の変更には、幹事の2分の1以上、または会員の3分の1以上の提案により、総会の出席会員の3分の2以上の賛成を得なければならない。

［付　　則］

第21条　本会の事務執行に必要な細則は幹事会がこれを定める。

　　2　本会の事務局は、当分の間、代表幹事の所属する機関に置く。

第22条　この会則は1988年10月10日から施行する。

編集委員会規程

(1988年10月10日　制定)
(1992年11月3日　改訂)

1. 日本労働社会学会は、機関誌『日本労働社会学会年報』を発行するために、編集委員会を置く。
2. 編集委員会は、編集委員長1名および編集委員若干名で構成する。
3. 編集委員長は、幹事会において互選する。編集委員は、幹事会の推薦にもとづき、代表幹事が委嘱する。
4. 編集委員長および編集委員の任期は、幹事の任期と同じく2年とし、重任を妨げない。
5. 編集委員長は、編集委員会を主宰し、機関誌編集を統括する。編集委員は、機関誌編集を担当する。
6. 編集委員会は、会員の投稿原稿の審査のため、専門委員若干名を置く。
7. 専門委員は、編集委員会の推薦にもとづき、代表幹事が委嘱する。
8. 専門委員の任期は、2年とし、重任を妨げない。なお、代表幹事は、編集委員会の推薦にもとづき、特定の原稿のみを審査する専門委員を臨時に委嘱することができる。
9. 専門委員は、編集委員会の依頼により、投稿原稿を審査し、その結果を編集委員会に文書で報告する。
10. 編集委員会は、専門委員の審査報告にもとづいて、投稿原稿の採否、修正指示等の措置を決定する。

付則1. この規定は、1992年11月3日より施行する。
   2. この規定の改廃は、編集委員会および幹事会の議を経て、日本労働社会学会総会の承認を得るものとする。
   3. この規定の施行細則(編集規定)および投稿規定は、編集委員会が別に定め、幹事会の承認を得るものとする。

編集規程

(1988年10月10日　制定)
(1992年10月17日　改訂)
(幹事会承認)

1. 『日本労働社会学会年報』(以下本誌) は、日本労働社会学会の機関誌であって、年1回発行する。
2. 本誌は、原則として、本会会員の労働社会学関係の研究成果の発表に充てる。
3. 本誌は、論文、研究ノート、書評、海外動向等で構成し、会員の文献集録欄を随時設ける。
4. 本誌の掲載原稿は、会員の投稿原稿と編集委員会の依頼原稿とから成る。

投稿規程

(1988年10月10日　制定)
(1992年10月17日　改訂)
(2002年 9月28日　改訂)
(2011年12月15日　改訂)
(2014年 7月 5日　改訂)
(2020年 8月22日　改訂)
(幹事会承認)

[投稿資格および著作権の帰属]

1. 本誌 (日本労働社会学会年報) への投稿資格は、本会員とする。なお、投稿論文が共著論文の場合、執筆者のうち筆頭著者を含む半数以上が本会会員であることを要する。
2. 本誌に発表された論文等の著作権は日本労働社会学会に帰属する。ただし、著作者自身による複製、公衆送信については、申し出がなくてもこれを許諾する。

[投稿原稿]

3. 本誌への投稿は論文、研究ノート、その他とする。
4. 投稿する論文は未発表のものに限る。他誌への重複投稿は認めない。既発表の有無・重複投稿の判断等は、編集委員会に帰属する。ただし、学会・研究会等で発表したものについては、この限りではない。

[執筆要項]

5. 投稿は、パソコン類による横書きとする。

6. 論文及び研究ノートの分量は24,000字以内（図表込：図表は1つにつき400字換算）とする。また、書評は4,000字程度とする。

7. 原稿は下記の順序に従って記述する。
   題目、英文題目、執筆者名、執筆者ローマ字、本文、注、文献、字数。

8. 本文の章・節の見出しは、次の通りとする。
   1. 2. 3…、(1) (2) (3) …、1) 2) 3) …

9. 本文への補注は、本文の箇所の右肩に (1)、(2)、(3) の記号をつけ、論文末の文献リストの前に一括して掲載する。

10. 引用文献注は下記のように掲載する。
    引用文献注は本文の該当箇所に（ ）を付して、（著者名　西暦発行年：引用ページ）を示す。引用文献は論文末の補注の後に、著者のアルファベット順に著者名、刊行西暦年（丸括弧で囲む）、書名（または論文名、掲載誌名、巻号）、出版社の順に一括して掲載する。また、同一の著者の同一年度に発行の著者または論文がある場合には、発行順に a, b, c, …を付する。

11. 図、表、写真は別紙とし、次のように作成する。
    (1) 本文に該当する箇所の欄外に挿入箇所を朱書きして指定する。
    (2) 図・表の文字の大きさは、別紙で定める図表基準に従うこと。
    (3) 図・表の番号は、図1、表1のように示し、図・表のそれぞれについて通し番号をつけ、表にはタイトルを上に、図にはタイトルを下につける。
    (4) 図・表・写真等を他の著作物から引用する場合は、出典を必ず明記し、必要に応じて原著者または著作権保持者から使用許可を得ること。

[申込みと提出]

12. 投稿希望者は、以下の項目を記入し編集委員会宛に申し込む。
    (1) 氏名、(2) 電話番号、e-mail アドレス、連絡先住所、(3) 所属機関、(4) 論文、研究ノートなどの区分、(5) 論文の題目、(6) 使用ソフトの名称及びバージョン（MS Word の場合は記載不要）。

13. 当初の投稿は原稿（氏名を入れたもの1部、氏名を伏せたもの1部）を、編集委員会が指定するアドレスに添付ファイルで送信する。

［原稿の採否］

14. 投稿論文は複数の審査員の審査結果により、編集委員会が掲載の可否を決定する。

15. 最終段階で完成原稿を編集委員会が指定するアドレスに添付ファイルで送信する。

［図表基準］

16. 図表は次の基準により作成するものとする。

(1) 図表のサイズは年報の1頁以内に収まる分量とする。

(2) 図表作成の詳細については、原稿提出後に出版社との調整があるので、その指示に従い投稿者の責任において修正することとする。

［付記］

1. 本規程の改訂は、幹事会の承認を得なければならない。

2. 本規程は、2020年8月22日より実施する。

編 集 後 記

『日本労働社会学会年報』34号をお届けいたします。34号は、3本の特集論文と6本の書評、ならびに過去2件の学会奨励賞選考結果で構成される運びとなりました。投稿論文については、数件の投稿をいただいたものの、結果として今号では掲載なしということになりました。近年、必ずしも多くの投稿件数が得られていない状況にありますが、逆に多くの方に掲載のチャンスが開かれている状況でもありますので、次号ではまた多くのご投稿をいただければ大変ありがたく存じます。

学会奨励賞選考結果については、2021・2022年度の受賞作についての奨励賞受賞作の選考理由を掲載しております。2021年度受賞作については前号にて掲載をさせていただくのが相当でしたが、編集委員会内での引き継ぎの不足があり今号での掲載の運びとなりました。掲載が遅れましたことについてお詫び申し上げます。

雑誌の編集にあたりまして、各種原稿を取りそろえる過程では各執筆者の先生方、書評対象作の著者の先生方をはじめとして、多大なご支援を賜りました。私事ながら、はじめて編集委員長を仰せつかり未熟な身で業務を行わざるを得ませんでしたが、多くの先生方から編集委員会へのお力添えをいただけましたこと、この場を借りて厚く御礼申し上げます。

今後も、引き続き学会員の皆々様が、研究史上の第一線でご活躍されますことを確信すると共に、祈念申し上げる次第です。

（松永　伸太朗）

ISSN　0919-7990

日本労働社会学会年報 第34号
人口減少時代における地方の若者と経済的自立
2023年10月31日　発行

□編　集　日本労働社会学会編集委員会
□発行者　日本労働社会学会
□発売元　株式会社 東信堂

日本労働社会学会事務局
〒214-8580
神奈川県川崎市多摩区東三田2-1-1
専修大学人間科学部　勝俣達也研究室気付
TEL 044-900-7811　内線9110
E-mail tkatsumata@isc.senshu-u.ac.jp
学会HP　https://www.jals.jp

株式会社 東信堂
〒113-0023　文京区向丘1-20-6
TEL　03-3818-5521
FAX　03-3818-5514
E-mail　tk203444@fsinet.or.jp
東信堂HP　http://www.toshindo-pub.com

ISBN978-4-7989-1875-4　C3036

「日本労働社会学会年報」バックナンバー（27号以降）

「女性活躍」政策下の労働
—日本労働社会学会年報㉗—
日本労働社会学会編

〔執筆者〕金井郁・駒川智子・三山雅子・中囿桐代・筒井美紀・王昊凡ほか

A5／208頁／2500円　　978-4-7989-1395-7　C3036〔2016〕

人口減少下の労働問題
—日本労働社会学会年報㉘—
日本労働社会学会編

〔執筆者〕今井順・木下武男・清山玲・高木朋代・丹野清人・宮本みち子・今野晴貴・鎌田とし子・鎌田哲宏ほか

A5／208頁／2500円　　978-4-7989-1448-0　C3036〔2017〕

〈自律的〉労働を問う
—日本労働社会学会年報㉙—
日本労働社会学会編

〔執筆者〕今井順・京谷栄二・川上資人・大槻奈巳・伊原亮司ほか

A5／160頁／2000円　　978-4-7989-1515-9　C3036〔2018〕

生活という視点から労働世界を見直す
—日本労働社会学会年報㉚—
日本労働社会学会編

〔執筆者〕鎌田とし子・古田睦美・鈴木玲・宮下さおり・熊沢誠・松永伸太朗・永田大輔・吉田耕平・長谷川美貴ほか

A5／216頁／2500円　　978-4-7989-1602-6　C3036〔2019〕

移住労働者と労働世界の構造変化
—日本労働社会学会年報㉛—
日本労働社会学会編

〔執筆者〕惠羅さとみ・高畑幸・宮入隆・坂本啓太・小谷幸ほか

A5／192頁／2400円　　978-4-7989-1665-1　C3036〔2020〕

COVID-19と労働
—日本労働社会学会年報㉜—
日本労働社会学会編

〔執筆者〕中囿桐代・小村由香・松永伸太朗・永田大輔ほか

A5／152頁／2000円　　978-4-7989-1746-7　C3036〔2021〕

日本における労働者教育の現状と課題
—日本労働社会学会年報㉝—
日本労働社会学会編

〔執筆者〕安谷屋貴子・小谷幸・筒井美紀・竹信三恵子・松永伸太朗ほか

A5／152頁／2000円　　978-4-7989-1821-1　C3036〔2022〕

※　ご購入ご希望の方は、学会事務局または発売元・東信堂へご照会下さい。
※　本体（税別）価格にて表示しております。

※定価：表示価格（本体）＋税

〒113-0023　東京都文京区向丘1-20-6　TEL 03-3818-5521　FAX03-3818-5514
Email tk203444@fsinet.or.jp　URL:http://www.toshindo-pub.com/

東信堂

※定価：表示価格（本体）＋税　　〒113-0023　東京都文京区向丘1-20-6　TEL 03-3818-5521　FAX03-3818-5514
Email tk203444@fsinet.or.jp　URL:http://www.toshindo-pub.com/

〒113-0023　東京都文京区向丘1-20-6
TEL 03-3818-5521　FAX03-3818-5514　振替 00110-6-37828
Email tk203444@fsinet.or.jp　URL:http://www.toshindo-pub.com/

※定価：表示価格（本体）＋税

東信堂

居住福祉新ブックレット

① 居住福祉を学ぶ―居住福祉教育課程の構想 　岡本祥浩 　一二〇〇円
② ふるさとの原風景をふたたび―歴史遺産を活かした地域づくり 　黒田睦子 　一二〇〇円
③ ウトロ・強制立ち退きとの闘い 　斎藤正樹 　一二〇〇円
④ 地域を基盤とした福祉のしくみ―イタリアの取り組みから 　野村恭代 　一〇〇〇円

〔居住福祉ブックレット〕

居住福祉資源発見の旅―新しい福祉空間、懐かしい癒しの場 　早川和男 　七〇〇円
どこへ行く住宅政策―進む市場化、なくなる居住のセーフティネット 　本間義人 　七〇〇円
漢字の語源にみる居住福祉の思想 　李桓 　七〇〇円
日本の居住政策と障害をもつ人 　大本圭野 　七〇〇円
障害者・高齢者と麦の郷のこころ―住民、そして地域とともに 　加藤直人・伊藤静美・田中秀樹 　七〇〇円
地場工務店とともに―健康住宅普及への途 　山本里見 　七〇〇円
子どもの道くさ 　水月昭道 　七〇〇円
居住福祉法学の構想 　吉田邦彦 　七〇〇円
奈良町の暮らしと福祉―市民主体のまちづくり 　黒田睦子 　七〇〇円
精神科医がめざす近隣力再建―砂漠化、はびこる「付き合い拒否」症候群 　中澤正夫 　七〇〇円
最下流ホームレス村から日本を見れば 　ありむら潜 　七〇〇円
世界の借家人運動―あなたは住まいのセーフティネットを借りられますか？ 　髙島一夫 　七〇〇円
住むことは生きること―鳥取県西部地震と住宅再建支援 　片山善博 　七〇〇円
「居住福祉学」の理論的構築 　早川和男 　七〇〇円
居住福祉資源発見の旅Ⅱ―地域の福祉力・教育力・防災力 　早川和男 　七〇〇円
居住福祉の世界―早川和男対談集 　早川和男 　七〇〇円
医療・福祉の沢内と地域演劇の湯田―岩手県西和賀町のまちづくり 　高橋典成・金持伸子 　七〇〇円
「居住福祉資源」の経済学 　早川和男 　八〇〇円
長生きマンション・長生き団地 　千代崎千佳美 　七〇〇円
高齢社会の住まいづくり・まちづくり 　神野武美 　七〇〇円
シックハウス病への挑戦―その予防・治療・撲滅のために 　山下千佳美 　七〇〇円
韓国・居住貧困とのたたかい―居住福祉の実践を歩く 　全泓奎 　七〇〇円
精神障碍者の居住福祉―宇和島における実践（二〇〇六～二〇一二） 　後藤澄江・蔵田允武・迎秀郎・財団法人正光会 編 　七〇〇円

※定価：表示価格（本体）＋税　〒113-0023　東京都文京区向丘1-20-6　TEL 03-3818-5521　FAX03-3818-5514
Email tk203444@fsinet.or.jp　URL:http://www.toshindo-pub.com/